基本的信頼感

自己肯定感

非認知能力

3歳までに芽が出る、その子だけの個性

小さな子どものための小さな保育園

福井 渉
Fukui Wataru

CROSSMEDIA PUBLISHING

はじめに

本書を手に取っていただき、ありがとうございます。

私は横浜市の青葉区・緑区内で、「といろきっず保育園」という小規模保育園を運営しています。

平成27年度の子ども・子育て支援新制度のスタートと同時に、この小規模保育園をはじめて以来、地域の保育ニーズに応える形で、現在は5園を運営しています。

小規模保育園は一般的な認可保育園と比べると、対象年齢が0〜2歳児までだったり、設備や規模など、さまざまな制約があります。

そのため、わが子の入園先を探す保護者の方からすれば、「3歳でまた保活するのは大変…」「保育園なのに園庭がなくて大丈夫なの?」「保育園なのにたった12人しか園児がいないの?」といった不安をもつ方も多く、そもそも小規模保育園に興味すらない方もいると感じています。

それは、無理もないことだと思います。

なぜなら、今の大人の方が小さかった頃、園児が園全体で12人しかいない保育園や、ビルのテナントに設置された園庭のない保育園に通った経験をもつ方は、ほとんどいないはずだからです。小規模保育園と言われても、なかなかイメージがわかない方も多いのではないでしょうか。

実際に、私たちの保育園にこれまで入園されたお子さんの保護者の方で、「保育園入所の一次申請で保留になり、二次申請で入れる保育園を探してはじめて知った」という方もたくさんいました。

私たちからすれば、どんな経緯であれ、園生活をともにするお子さんや親御さんとの出会いはかけがえのないものです。第一希望での入園だったとしても、仕方なく小規模保育園を選んだとしても、当然、そこに変わりはありません。

ですが、私はどこかでもどかしさを感じていました。

それは、**小規模保育園の保育を、少しでも「知って」もらえたなら、その良さに気**

づいてくれる方も多いのに、ということです。

「家が近いので、念のため見てみようと思って」と、私たちの保育園に見学に来た方のほとんどが、見学後に、入園を希望されています。

もちろん私は、この本で自慢がしたいわけではありません。ましてや大きな認可保育園よりも、小規模保育園の方が優れているなどと言いたいわけでもけっしてありません。

ほかにも、3歳で卒園した園児に兄妹が生まれ、今度はまたその子が私たちの保育園に入園する、といったケースもよくあります。一度、私たちの保育園に通ったことのある保護者の方は「下の子も2歳までは小規模保育が良いと思って」と言ってくれたりもします。

また、ここ1~2年で、少し風向きも変わってきています。**あえて小規模保育園にお子さんを預けたいと考えて見学にくる方の割合が増えている**のです。小規模保育園の存在が、以前より多少は知られるようになったと感じています。

近年、待機児童問題は急速に解消へと向かっています。

しかし、この本を書いている2021年現在、まだまだ保育所に入れずに困っている子育て世帯が多いのも事実です。そんな中でも、自治体が公表している保育所入所の「待ち人数」の内訳を見ると、大きな認可保育園に偏っている一方で、小規模保育園は空きがある、という地域も少なくないようです。

そのような状況の中、私たちが実践する保育を紹介することで、これから子育てを準備されている方や、0・1・2歳のお子さんのいる保護者の方が、小規模保育園に関する興味や理解が深まれば、少しでもお役に立てることがあるのではないか。そう考え、筆をとりました。

私たちの保育園では、「小さな保育園」の利点を生かしながら、毎日趣向を凝らして保育に取り組んでいます。特に、徹底してこだわっているのは、**0・1・2歳児特有の発達に応じた、子ども一人ひとりの個性によりそう、「子ども主体の保育」**の方法や環境づくりです。

私たちの保育の考え方や実践をお伝えすることで、日々の育児のヒントや、お子さんに対する接し方の参考になればうれしいです。本書の中に出てくる「小さな子ども」とは、3歳までの子どものことと考えていただけたらと思います。

また、大人が決めたルールで子どもたちを動かすような「保育者主導の保育」に疑問をもつ方や、0～2歳児のための「子ども主体の保育」を目指す保育者の方にも、ぜひ読んでいただきたいです。

本書の構成は次の通りです。

1章では、いま0・1・2歳の小さな子どもたちが、大人になる将来という少し広い視点から、これからの子育てや進路選びで大切なことや、私が考える日本の課題についてお伝えしていきます。

2章では、人としての土台が形成される、3歳までの発達段階のポイントをお伝えし、この時期の子育てで大切にしたい「考え方」や「接し方」をまとめています。ぜひ、子どものきもちになって、0・1・2歳児の頭の中を想像しながら、読んでみていただけるとうれしいです。

3章では、0・1・2歳児に特化して運営される「小規模保育園」の特徴や、小さな子どもにとっての利点をお伝えします。また、実際にはどんな保育が行われているのか、私たちの園の保育内容もご紹介していきます。

4章では、私たちの保育園が「小さな保育園」の利点をいかして、子ども主体の保育に取り組む実践内容や考え方について、より具体的にご紹介していきます。実際に通われている園児や卒園児の保護者の方の声も紹介しているので、小規模保育園を知る参考にしていただけたらと思います。

最後の5章では、保育園の選び方について、園見学や下調べの際に見るべき「10のチェックポイント」をまとめました。保育園を選ぶ際の参考にしてみてください。

この本を通して、子どもの「個性」が尊ばれる子育て社会への願いを、多くの方々と共有できたら幸いです。

注）本文中の表記について

○小規模保育園／小さな保育園／認可保育園／大きな保育園

・小規模保育園は、厳密には地域型保育事業の一つとして、小規模保育事業を指しています。本書では、読者に分かりやすいように、「小規模保育園」で統一しています。

・小さな保育園は、小規模保育園とほぼ同義で用いていますが、制度上の小規模保育事業を指す小規模保育園と分けて、人数規模や運営形態の特徴として小さい保育園として「小さな保育園」と表記しています。

・認可保育園は、認可保育所のことを指しています。本書では、読者の方にも分かりやすいよう、「認可保育園」で統一しています。

・大きな保育園は、認可保育園とほぼ同義で用いていますが、制度上の認可保育所を指す認可保育園と分けて、人数規模や運営形態の特徴として大きい保育園として「大きな保育園」と表記しています。

・小さな保育園、大きな保育園は、いずれの表記も特定の保育園を指すものではなく、概念として示しているものです。

○保育所保育指針

・本書で記載する「保育所保育指針」は、最新版（平成29年3月31日 厚生労働省告示第１１７号）を指しています。

目次

1

これからを生きる小さな子どもの「進路」

2

個性を伸ばす3歳までの過ごし方

3

3歳まで専門の小さな保育園

4 子どもの個性を尊ぶ〝十人十育〟の実践

5 子どものきもちになって保育園を選ぼう

1

これからを生きる
小さな子どもの
「進路」

小さな子どもが大人になる20年後はどんな世界？

突然ですが、「ＶＵＣＡ（ブーカ）の時代」という言葉を聞いたり、目にしたことはあるでしょうか。

ＶＵＣＡとは、Ｖ（Volatility：変動性）、Ｕ（Uncertainty：不確実性）、Ｃ（Complexity：複雑性）、Ａ（Ambiguity：曖昧性）の頭文字を取った造語で、社会や経済、個人のキャリアなど、**これからの時代はありとあらゆるものが複雑になり、予測ができない状態が訪れる**ことを表した言葉です。

この言葉にもあるように、私たちはグローバル化や自然環境の悪化、さらにはテクノロジーの進化によって、だれも想像できなかった社会を生きています。

私たち大人は、だれもがかつては小さな子どもでした。みなさんが子どもだった頃に、今のような社会を想像できたでしょうか。

小さな子どもたちが
生きる20年後は、
どんな社会になるのだろう

たとえば、テクノロジーに着目すると、私たちが子どもだった頃には、スマートフォンもタブレット端末もありませんでした。パソコンにキーワードを打ち込めばすぐに情報が得られたり、スマートフォンで1時間後の天気予報を確認したり、タブレット端末でオンライン会議をしたり……もっと言えば、携帯電話を一人ひとりがもつ社会など予想もできなかったはずです。まして「なりたい職業ランキング」にYouTuberが入ることなんて想像もできませんでした。

そして、**今後はこれまで以上に進化が加速していきます。**今の小さな子どもたちが

大人になる20年後は、一体どんな社会が待ち受けているのか。そこには、だれも体験したことのない、未知なる20年後が待っているのではないでしょうか。

ＡＩ時代に求められる、0から1を生むチカラ

未知なる社会へ向かう中でも、さまざまな「未来の方向性」は見えてきています。その代表的な存在が**ＡＩ（人工知能）**です。

これまでの仕事が、ＡＩによって置き換わる、という話を耳にした方はきっと多いことでしょう。もちろんその分、新たな仕事も生まれていきますが、少なくとも単純作業を人間が担うことは劇的に減っていくはずです。

こうして社会が変化する中で、未来を担う子どもたちの毎日のあり方が、これまで通りで「最適」だとはけっして思えません。

今ある常識や慣習に身を任せていれば、生きることはできるかもしれません。しか

し、私たち大人が子どもたちに対して担うべき責任は、「今をより良く生きること」、そして、「将来幸せに生きるための最善な環境の保障」ではないでしょうか。

これまでの仕事が人間でなくてもできる世の中へ、次々と置き換わっていくのであれば、**「子どもが社会人になった時に」という観点**から、子どもが育つ環境や過程、方法や内容を必要に応じて見直さなければなりません。

検索すればいくらでも答えが出せる時代には、効率的に答えにたどり着くことの優先順位は低くなります。なぜなら、答えにスピーディにたどり着くのは、まさにＡＩの得意技だからです。

それよりも大事なのは、**0から1を生む力**です。答えがない中でも課題を見つけ、新たな価値を提案するのは人間にしかできません。さらに「応用力」も求められていくでしょう。つまり、身につけた知識をどう生かしていくかを思考する力です。

「これをやりなさい」と言われたことを、その通りに実行して「すごい！」と言われ

るような時代では、もはやありません。テストの正答率より、解答を導き出す方法をより多く知っていたり、問題を設定したりする力の方が、この先ずっと大切になってくるのです。

その子にしかない「個性」が未来をきりひらく

いま0・1・2歳の小さな子どもたちが、これからの時代を生きていく過程で、大人になるまでにどんな力を身につけるのが望ましいのでしょうか。他の子よりもテストで高い点数が取れたり、偏差値の高さといった、相対的な学力で秀でることでしょうか。

これまでは、そういった「勉強ができる」力が、将来成功するカギと考えられていたかもしれません。ですが、これからは、より創造的あるいは独創的な力を発揮して、**新しい価値を生み出せる力**が求められていきます。

そう考えると、小さな子どものうちから「その子らしい」魅力や、得意なところがのびのびと育まれるように、私たち大人が支えていかなければなりません。

「他のみんなと同じ」でいることは、これまでの日本の文化や、価値観で子育てをするママパパにとっては、一番の安心材料、そして基準だったのではないかと思います。

「同調圧力」という言葉にもあるように、**日本社会には、他の子と違うのが不安に直結する、独特の価値観が存在している**のです。

私は小さな頃から、自分自身のことを「少し変わった子」だと自覚していました。自分の感性が友だちと度々ずれていると感じていたため、いつも「イエスか、ノーか」を確認しながら、変に目立たないよう、発言や行動を周りに合わせる場面が多くありました。

今でこそ、大人になってからHSP（Highly Sensitive Person：非常に感受性が強く、敏感な気質をもった人のこと）というものがあることを知り、自分はそれに該当するのだと理解して、きもちが楽になりました。ですが、30代前半あたりまでは、

一人ひとり、それぞれの個性を尊重できる
大人側の子ども観が必要

「僕はB型だから、マイペースなんです」と言ってごまかしてきました。

幸いなことに、両親は私の個性的な言動やふるまい、こだわりを、いつも笑ってくれました。そんな、かつての私のような個性や、その子ならではの性格、気質、発達の特性などは、これからを生きる小さな子どもたちには、もっと寛容に、むしろ認めてあげられる社会であってほしいのです。

「出る杭は打たれる」という言葉がありますが、「みんなと同じように」ではなく「一人ひとりそれぞれに」という、**大人側の子ども観の転換**が、私たちには必要なのではないでしょうか。

個性で進路を選ぶ時代へ

人の一生を形づくる個性とは、どの時点で、どのように育まれるのでしょうか。そのカギをにぎるのは、**乳幼児期の過ごし方**です。そして、その期間の過ごし方は、将来にわたって大きく影響していきます。

昨今、この子どもの乳幼児期を取り巻く社会が、急速に変わりはじめています。

その最も大きな変化の一つが、冒頭でも書いた「待機児童問題の解消」です。地域によってはまだまだ保育園が足りないところもありますし、当面は完全には解消されないものと考えられます。

その中でも、就学前の子どもが身を置く居場所や、得られるサービスは、すでに多様性をもった広がりを見せています。

私たちが子どもの頃は、親が共働きなら保育園、専業主婦なら幼稚園という2つの道に分かれ、その道は小学校で合流するという流れが一般的でした。

それが今では、保育園と幼稚園の機能をあわせもった認定こども園や、幼稚園でも保育園並みの時間の預かり保育を提供し、共働き家庭を支えているところもあります。

さらに、私たちが運営する小規模保育園をふくむ地域型保育や、自治体の助成を受けて運営する認証保育園など、就学前の子どもが通う保育園の選択肢は広がっているのです。

このように、さまざまな選択肢があり、待機児童問題が解消へ向かっているということは、**子どもの進路を決める主導権を、ようやく保護者が手にできる時代が近づいていること**を意味しています。

これから子育てをはじめる保護者の方には、「普通はこうだから」「まわりの子は○○だから」ではなく、ぜひともお子さん自身の「らしさ」を起点に、大切な個性がのびのびと発揮されるような進路を見つけ出してほしいと思います。そのために、先入観やこれまでの常識にとらわれすぎず、いろんな保育園を見てもらいたいのです。

将来の幸せのカギをにぎる「自己肯定感」

日本の子どもの幸福度に関する、ショッキングな調査結果があります。

38カ国の先進国の子どもを対象としたユニセフ（国連児童基金）の調査で、日本は「身体的健康」は1位でありながら、「精神的幸福度」は37位という結果だったのです。（『イノチェンティ レポートカード16 子どもたちに影響する世界 先進国の子どもの幸福度を形作

るものは何か』英語版　２０２０年９月、日本語版２０２１年２月）

さらに、日本の若者の自己肯定感の低さを表す統計も出されています。内閣府によると、他の先進国とくらべて日本の若者の自己肯定感が著しく低いことが分かっています。「自分自身に満足しているか」の質問では、「そう思う」と回答した方はわずか10%。「どちらかといえばそう思う」をあわせても、50%に達しません。他の国では70%には達しているにもかかわらず、です。

自己肯定感とは、「自分は今の自分のままで良い」と、**自分の価値や存在意義を肯定できる感覚や心の状態**のことをいいます。

最近では自己肯定感という言葉を目にする機会も多くなり、その重要性を感じている方も多いのではないでしょうか。書店に行けば、自己肯定感がテーマの本がたくさんありますし、インターネットにもそうした情報があふれています。

自己肯定感は、自信をつけたり、失敗しても立ち直ったり、何度も挑戦ができたりなど、幸せな人生を自分自身で切りひらくために欠かせない、生きる力の基礎になり

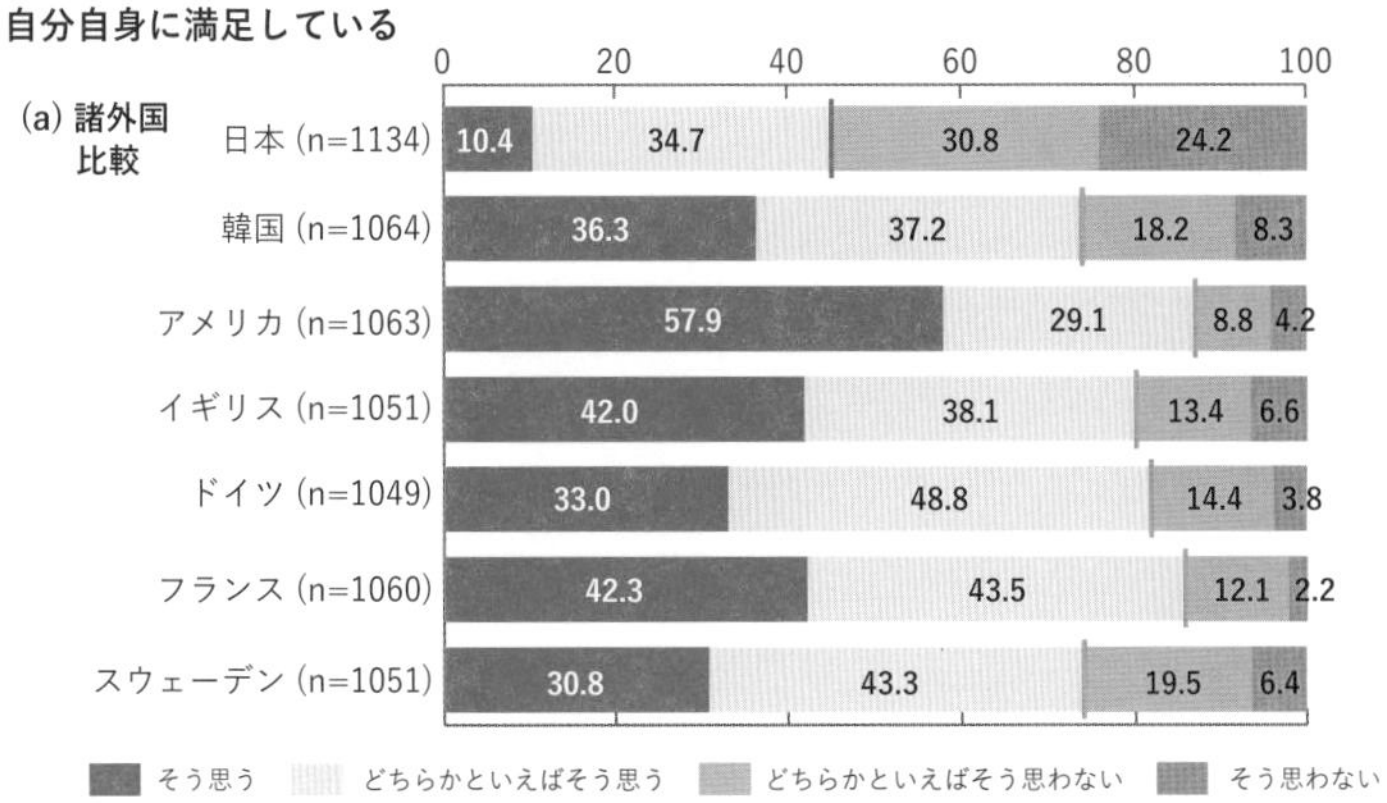

出典：『令和元年版　子ども・若者白書』特集１　日本の若者意識の現状～国際比較からみえてくるもの～

「自分自身に満足している」若者の割合

ます。

もし自己肯定感が低くて、自分自身を認められず、尊重するきもちがなければ、他人に対しても「○○ができていれば愛される」という、条件つきの愛情でしか人間関係を理解できなくなってしまいます。失敗を恐れて、チャレンジがしにくくなることだってあるでしょう。

そんな自己肯定感は、どのように育まれるのでしょうか。親や保育者として、どのように育てていってあげられるのでしょうか。それは、先に述べたように、**心の土台が形成される0・1・2歳の時期の過ごし方が大きなカギをにぎっている**のです。詳しくは次章からお伝えしていきます。

2

個性を伸ばす
3歳までの
過ごし方

3歳までの過ごし方が大切な理由

人間の人格や「心」の土台は、3歳までにおおよその部分が形成されると考えられています。

「三つ子の魂百まで」ということわざもありますが、生まれてから1歳、2歳へと目覚ましいスピードで発達する段階を**どのように過ごしてきたのか**が、その後の人生に大きな影響を与えることは間違いありません。

「どのように過ごすか」といっても、まだこの時期の小さな子どもたちは、生活環境や居場所を自分で決めることはできません。言い方をかえるなら、保護者や保育者など、身近で関わる大人が「毎日どのような接し方をしたか」「子どもに対してどのような反応を示してきたか」によって、**人として成長していく「心の土台」の部分がまるで変わってきてしまう**ということです。

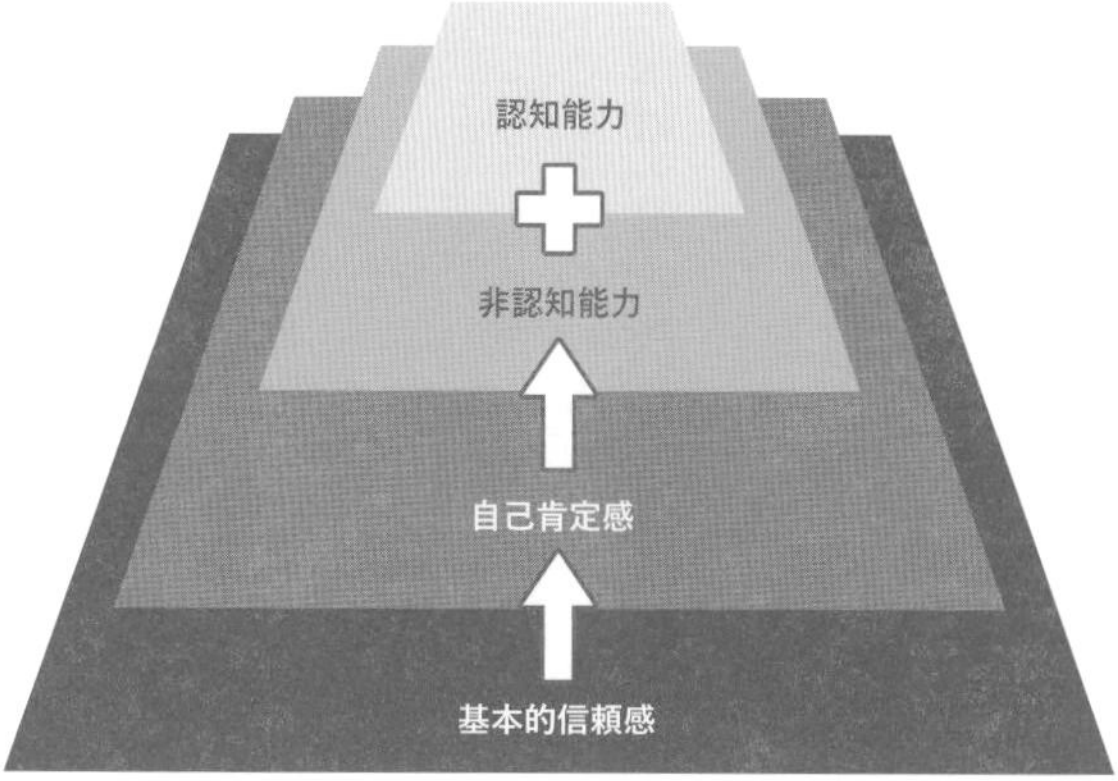

心の育ちを土台に資質や能力が一体的に伸びていく

ここでいう「心の土台」には、3つの要素があります。

まず最も大きな要素が、前の章でも述べた**自己肯定感**です。さらに、その自己肯定感の根底は、特定の大人（保護者や保育者）との間で生まれる愛着形成からなされる、**基本的信頼感**がベースになります。

そして、子どもの心の内面にしっかり育まれた自己肯定感の上に、**非認知能力**といわれる生きる力の基礎が積み上がっていきます。

この3つの心の土台、つまり人格形成に

つながる部分が健全に育まれることで、その先の発達プロセスで獲得していく思考力や学習能力、IQといった**認知能力**が伸びていくわけです。

もちろん子どもの発達には一人ひとりのペースがありますが、この「順番」は変えられるものでなく、着実にステップを踏むべきものです。そのステップの中でも、**0・1・2歳は心の土台となる「基本的信頼感」「自己肯定感」「非認知能力」を獲得する、とても大切な時期**です。この時期の発達段階について、もう少し詳しく見ていきましょう。

0歳は「基本的信頼感（アタッチメント）」を育む

「基本的信頼感」は、アメリカの発達心理学者エリクソンが提唱した概念です。エリクソンは、ヒトの人生を8つの発達段階に分解し、それぞれの段階で獲得されるべき要素や発達課題を示しました。

その一つ目の段階を、乳児期（生後からおおむね1歳まで）と位置づけ、この時期に獲得すべき、健康なパーソナリティ（人格・個性・性格）のための要素を、「**基本的な信頼の感覚**」として説きました。

いつでも自分の願いを かなえてくれる 存在との絆

　生後間もない赤ちゃんは、泣くこと以外、まだ一人ではなにもできません。だからこそ、生きるためにはだれかの助けが必要になります。自由に動き回ることも、言葉を使うこともできないからこそ、泣いて自分の希望を周りに伝えようとしているわけです。

「お腹が減った」「おむつがきもち悪い」「背中のあたりがかゆい」と、不快だったり嫌だったりした時に、泣いて知らせたら無条件で自分の希望に応えてくれる大人の存在との間で、**「アタッチメント」といわれる愛着形成**が築かれていきます。

このアタッチメントは、自分の願いをかなえてくれる存在がすぐそばにいて、「いつでも助けてもらえる」「いつも見守ってくれている」という体験が繰り返されることで育まれる「**他者への信頼**」ともいえます。

では、この基本的信頼感が健全に育まれなかったら、どうなってしまうのでしょうか。エリクソンは書籍の中でこのように記しています。

成人において基本的信頼の欠損は基本的不信として表れる。基本的不信は、自分自身との関係や他者との関係が上手くいかなくなると、特有の方法で自分の殻に閉じこもってしまう人々に特徴的である。

(『アイデンティティとライフサイクル』エリク・H・エリクソン著、西平直・中島由恵 訳、誠信書房)

つまりエリクソンは、0歳の頃は、無条件に願いをかなえてあげるのが一番大切だと伝えているのです。そこから「**自分はいつでも助けてもらえる**」「**自分は価値がある存在**」**と、自分を肯定的にとらえられる心、自己肯定感を獲得する次の段階**へとつ

ながっていきます。

1・2歳は「自己肯定感」「非認知能力」の根っこを育む

おおむね1歳以上になる次の発達段階を、幼児前期といいます。ここでは分かりやすく、保育園での年齢の数えで1～2歳児として説明します。

1歳を過ぎると、だんだん身の回りのことに興味や関心をもち、歩けるようになり、行動範囲も広がっていきます。「自分でやりたい！」ということが増えはじめ、あらゆるものを触ろうとしたり、危険なところに向かって行ったり…ママパパからすれば、なにかとヒヤッとするような場面も出てきますよね。

そして、自分の思い通りにいかず、やろうとしたことが上手くいかないと、かんしゃくを起こすこともしばしば。「魔の2歳児」という言葉がありますが、いわゆる**イヤイヤ期**へと進んでいきます。

多くのママパパが悩むこのイヤイヤ期ですが、泣くだけだった乳児期から、はじめて自らの意思を発しはじめるこの時期こそが、実は**自己肯定感をぐっと育てていける**

チャンスなのです。

忙しい毎日の中での育児では、時間的にも精神的にも、子どものすべてを思うままにやらせてあげるのは、とてもむずかしいことです。しかし、まずはきもちに共感し、可能な限り**やらせてあげる気構え**をもって、小さな子どもたちと向き合うようにしてもらいたいです。

ほかにも、**他の子やお兄ちゃん、お姉ちゃんと比較するような言動**も禁物です。「なんであなたはこれができないの！」「2歳ならできるはず」などと言ってはいけません。そしてもう一つ、「男の子なのに」「女の子なんだから」といった、**性差による価値観**も押しつけないようにしましょう。

小さな子どもたちは、ただ自分の話をまっすぐ聞いてほしいものです。

相対的な評価ではなく、絶対的にその子を見て、肯定的な態度を示し続けていけば、「自分はこのままでいいんだ」「自分の考えていることは素敵なことなんだ」と、着実に自己肯定感を身につけることができるようになります。

このように、自己肯定感を獲得していく過程で、その先の学びに向かう力、生きる力につらなって伸びていくのが**非認知能力**です。

非認知能力については、ここ数年の間でメディアや書籍でも取り上げられ、すでにご存じの方も多いのではないかと思います。ここでは細かくは書きませんが、次のような**ものごとに向かう「心」やきもちに関連するスキル**を指します。

- やってみよう！と意欲的に取り組もうとできる「前向きな姿勢」
- 諦めずにやり抜こうとする「忍耐力」や「粘り強さ」
- 他者と協力し効果的な対話を行える、「コミュニケーション力」や「社会性」
- 失敗しても「次は大丈夫」と、きもちを調整したり切り替えたりできる「楽観性」

これらの「心情・意欲・態度」が土台として育まれなければ、先々の学校教育で深く学び、獲得していく知識や技能、学力といった測定できる力（認知能力）も伸びに

0・1・2歳が育む「心の土台」=木の根っこのイメージ

くく、乏しいものになってしまいます。

私たちの保育園では、見学に来られた保護者の方とお話しする時や、説明会などで、よく**0・1・2歳児の発達を大きな「木」にたとえて説明をしています。**

木の根が力強く張れていれば、大きな木へと成長ができます。枝分かれし、葉も広がり、美しい花や実をつけることもできるでしょう。少しくらいの嵐ではびくともしない、立派な木へと成長しますよね。しかし、根が強く張れていなければ、一見大木に見えてもすぐに倒れてしまいます。

0・1・2歳までに作られる土台もまさに同じで、**木の「根」にあたる部分**を作ることがとても大切な時期になります。この形成に必要なのは、なにかをできるために教えこんだり、厳しくしつけをすることではなく、**その子自身が安心して生活し、自己を思う存分に発揮できる環境に身を置くこと**なのです。

「ダメ！」がNGな理由

普段の子育ての中で、思わず子どもに「それをやっちゃダメ！」「ダメって言っているでしょ！」などと声をかけたことはありませんか。

なにかをやろうとした時に、一方的に禁止をしたり、否定されたら、小さな子どもたちはどのようなきもちになるでしょうか。危険なことを止めさせる、周りに迷惑をかけてしまうことを注意するなど、そういった大人側から考える理由を、小さな子どもたちはまだ明確にとらえることができていません。

子どもは3歳ぐらいになると、大人とのやりとりが成立するようになり、少しずつ

ものごとを理解しはじめていきます。しかし、まだ言葉で自分の思いを伝えたり、大人がダメと止める理由を理解もできないうちから、否定・禁止をされてしまっては、**「やらせてもらえない」という無力さだけが心の中に残ってしまいます。**

ダメと言われれば、その場では「やってはいけないんだ」と感じ取り、次からはやらなくなるかもしれません。ただ、そうしてしまうと、自己否定にもつながりかねません。「(理由は分からないけど)自分が悪いからママに叱られたんだ」と、自己肯定感が損なわれてしまう可能性があるのです。

さらに問題なのは、こうした言葉を威圧的な態度で伝えてしまうことです。大人が激しく「ダメ！」と言えば、子どもは当然、萎縮してしまいます。周りの大人の顔色ばかり見て、チャレンジする心を失ってしまう可能性すらあります。

それでも、小さな子どもが危険なことをして、つい「ダメ！」と声をあげてしまうシーンもあるはずです。それが必要な場面があることも確かではあります。たとえば、高いところに登る時や、熱いものに触ろうとした時などは、今すぐに止めなければいけません。

禁止・否定せずに止められる方法もある

そんな時は、「ちょっと待って」と話しかける、などの方法をとるようにしましょう。「そうだよね、こんなところにものがあったら触りたくなるよね」などとつけ加えながら、**子どもたちのきもちをくみ取ってあげることも大切**です。

私は以前、子どもの幸福度が高いことで有名なオランダの幼児教育施設を見学したことがありました。その時に、その施設の先生が「**私たちはNO!とは言いません。STOP!と言います**」とおっしゃっていました。

その先生は、まだ言葉をうまく話せない小さな子どもに対して、しゃがんで向き合

い、やさしく話しかけながら、その子の意見やきもちをくみ取ろうとされる姿がとても印象に残っています。

一方的に言うことを聞かせるのではなく、オランダの先生のように**対話的な姿勢**を見せることで、きもちや意見に耳を傾ける「間」が与えられ、**小さな子どもたちも意思をていねいに扱われているという感覚をもつ**でしょう。

また、小さな子どもは、大人が想像もしないような行動をとることがあります。そうした時に、「なんでそんなことするの！」と言いたくなる場面もあるはずです。そんな時に大切なのは、危ない行動をさせないことよりも、**危ない環境を大人側がいかに改善してあげられるか**、という視点です。

高いところによじ登ろうとしたならば、いかに登れないレイアウトに改善するかを考える。熱いものを触ろうとしたら、いかに手の届かないところで管理するかを検討するようにしてみましょう。

子どもたちが集団で過ごす保育園では、「ヒヤリハット」の記録が安全管理の基本になります。私たちの保育園でも、このヒヤリハットを、どんな小さなことでもとにかく「たくさん」発見し、毎日記録していこうと保育士たちに伝えています。

毎日のようにヒヤリハットの報告が記録される、というと、「いつも危険なことが起きる保育園なの？」と思われるかもしれません。しかし、どんな危険が発生しそうか、子どもたちの行動に注意を払うことで、その子がどんな子なのか、どんなきもちでいるのかの理解を深めることができるようになります。

そのため、「公園で木の枝を拾って歩きはじめた」「つかまり立ちをした時に顔を上にあげて重心が後方に傾いた」といった、まだヒヤリハットとまでは言えないことでも、細かく観察するようにしているのです。

結果としてヒヤリハットの報告がたくさん集まることで、会議で定期的に**園児一人ひとりの行動を振り返り、子どもの理解を深めたり、見立てにつなげるきっかけにもしています。**

家庭でも、「ダメ！」と思うような場面があった時、危険の回避をした後に、ぜひ**その時のお子さんのきもちや、やろうとした意図を想像**してみてもらいたいです。

「そうか、あれに触ってみたかったのかな」「ここを開けてみたかったのかな」と気づいてあげられたら、「こんなおもちゃがあったら喜ぶかな？」と、ママパパ自身が子育てをたのしめるきっかけにもつながるはずです。

小さな子どもにしつけは必要？

しつけとは、子どもに日常生活での礼儀や生活慣習を身に付けさせたり、社会規範に準じて行動ができるように教える行為のことをいいます。「社会に出て困らないように」「恥ずかしい思いをしないように」と、しつけは子育てをするママパパや保育者の間でも、一般的には必要なものととらえられています。

しかし、私は**0・1・2歳の時点では、しつけは必要ない**と考えます。それは、先にも述べたように、小さな子どもはやらされている理由が分からないからです。

広辞苑で調べてみると、しつけとは「人を思い通りに、望ましい姿・形に変化させていくための行為」と定義しています。

では、「望ましい姿」とはどういったものでしょうか。大人のいうことを聞く、手のかからない子にすることでしょうか。もちろん違いますよね。それでは「大人にとって都合が良い子」になるよう、教えさとしているだけにすぎません。

0・1・2歳児期の望ましい姿とは、**その子が安心して、自己を発揮できる状態で過ごすこと**です。そう考えると、重要なのはしつけをしたり、なにかを一方的に教えることではないといえるのではないでしょうか。

まだ小さな子どもに対して、「静かにしなければいけない」「いい子にしなければいけない」ということを、**自分で分別がつくように言い聞かせても、「その子のため」にはつながらない**のです。

しつけをすることで、結果として小さな子どもができるようになった行動も、主体的な意思から子どもが動いたものではなく、「やらされている」だけにすぎないわけです。

児童精神科医の故・佐々木正美先生は、こうした子どもの姿を、「**偽りの前進**」と

表現しました。子どもが大人の期待のままにふるまうことは、「偽り」以外のなにものでもないのです。

しかし、子どもが生きていく上で、必要なことはどう教えるべきかと悩むママパパも多いでしょう。たとえば、「手洗いうがいをしましょう」「列にならんで順番を守りましょう」「バランスよくごはんをたべましょう」などは、大人になるためにも、いずれはできなければいけないことです。

これらには、その子自身が獲得していくプロセスによりそい、サポートをしていけばいいと思います。**早くできるようになってほしいと、けっして急ぐ必要はありません。**

「そろそろトイレに入れるようになりなさい」と言うのではなく、その子が自分の育ちの中でトイレに興味をもち、自らやってみようというきもちが出てきた時に、そっと「トイレはこういうふうにするんだよ」と伝えるようにすればいいのです。少しずつできるようになっていく中で、それを下支えするために、ママパパ、あるいは保育者の手や声かけが必要なことは忘れないでください。

個人差に目を向ける

0・1・2歳は、子どもによって、**発達の個人差や月齢差が大きな時期**です。

ママパパであれば、「うちの子はまだハイハイができない」「あの子はもう上手にお話できているのに」など、つい他のお子さんと比べてしまいがちです。ですが、本来は子どもの発達も、個性も人それぞれです。そして、**その違いこそが素晴らしいもの**です。

周りの子どもと比べて、なにかをできるようになるスピードが遅いと、やはり不安になりますよね。でも、焦ることはありません。

保育園では日々、保護者の方から、そうした発達に関するご相談を受けます。

たとえば、トイレ・トレーニングについての不安はよくある質問ですが、私たちの園では、「トイレ・トレーニング」という言葉はそもそも存在していません。

なぜなら、小さな子どもにトレーニングをほどこすことはそもそも必要ではなく、**その子のタイミングで、トイレにいけるようになればいい**と考えているからです。そのタイミングに、適切なサポートするのが私たち保育者の役割で、おむつが早く取れるのを急ぐ必要はないのです。

そうは言っても、やはり「2歳にもなって、おむつが外れないのは大丈夫なのか」と心配される保護者の方も当然います。そんな時には、家庭での様子をうかがったり、トイレのお話がでてくる絵本を一緒に読んでみたりなど、子どもが自ら興味をもつような働きかけを試すこともあります。

ただ、あくまでも**「やらせる」ではなく、子どもの自発的なペースを見守ることが大切**、ということは忘れないようにしたいところです。

ほかにも、たべものの好き嫌いに関する相談も多く受けます。これにも個人差があり、**〇〇が好き・〇〇が嫌いというのは、立派な個性のあらわれ**です。大人でもそう

子どもの自発的な興味・関心を大切に見守ろう

ですが、嫌いなものを「好きになりなさい」と押し付けられたらつらいですよね。

それなのに、「きれいに残さずたべようね」と、たくさんたべるようにすすめたり、「たべるまであそんじゃダメ」と注意されながら食事と向き合っていては、食べること自体が嫌いになってしまいます。

保育園で過ごしていると、いつの間にか子どもたちの好き嫌いがなくなっていくことに、保護者の方も驚かれたりします。詳しくは4章でお伝えしますが、当然ながら私たちは好き嫌いをなくすように教え込んでいるわけではありません。**小さな子どもたち自身の興味やきもちによりそうこと**

が、すべてのはじまりなのです。

個人差を受け止め、好きなことや得意なこと、その子ならではの魅力をたくさん認めてあげることで、人としての心の土台は作られていきます。**他の子どもと比べたり、「同じことをしなさい」と強制したりすれば、心の内面に健全な根を張ることはできません。**

今この本を読んでいるお母さん、お父さんこそが、お子さんの「その子らしさ」を一番分かっている存在です。ぜひ、お子さんのできないことや苦手なこと以上に、好きなことや得意なことに注目して、**たくさんの個性を発見するたのしさ**を感じながら、子育てをたのしみましょう！

子どもも立派な「一人の人間」

みなさんにとって、「**子ども**」とはどのような存在でしょうか。

0・1・2歳の、まだ言葉もうまく使えない小さな子どもたちを、「大人が手助けしないとなにもできない存在」と思ってしまうことはありませんか？

もちろん、大人と比べれば、できないことや知らないことも多く、さまざまな手助けが必要な存在ではあります。

ですが、**どんな小さな子どもでも、立派な「一人の人間」として接する心**が、子育てにはとても大切です。

日本では、子どもを必要以上に「子ども扱い」してしまい、子どもを一人前ではない、未熟な存在として見てしまう風潮が強いと感じることがあります。

私が視察に行ったオランダやドイツでは、子どもに対する人権意識が高く、**当たり前のこととして、「個」が尊重**されていました。子どもが一人の権利主体として考えられていたのです。海外の子ども観に強く感銘を受けた一方で、周りに合わせることが重んじられる日本では、一人の人間というよりも、「子ども＝大人未満の存在」としてくくられているように感じてしまいました。

たとえば、まだ言葉を覚えはじめたばかりのお子さんが「おはよう」とあいさつをした時に、「まだ小さいのに、上手にあいさつができてすごいね！」と思われるかもしれません。イスにじっと座り、先生の話を聞いている姿を見て「1歳なのにきちんと座っていてすごいね！」と感じる保護者の方もいるかもしれません。

ですが、この「**〇〇なのに**」という、大人の指標で子どもを評価しようとするのが、行きすぎてしまってはよくありません。

それでは、「子どもを一人の人間として接する」とは、具体的にどのようなものでしょうか。

私たちの保育園では、「**大人がされたら嫌なことは、けっして子どもたちにもしてはいけない**」という指針を職員の間で共有しています。こちらについては、4章でエピソードも紹介していますので、ぜひ読んでいただけたらと思います。

ママパパも保育者も、小さな子どもたちからたくさんの学びや、喜びを受け取っています。**大人と子どもの関係は、「上下関係」ではなく、お互いが人として対等な存在**だと考えられるようになりたいものです。

実はすごくむずかしい「ほめ方」

先ほど「しつけは必要か？」というお話をしましたが、一方で、**ほめ過ぎることも注意が必要**です。

過度にほめたり、ほめることばかりをし続けていると、小さな子どもは「ほめてくれなかった時」に敏感に反応するようになります。ほめてもらえないと、「なんで今日はダメなのだろう」と自己肯定感が揺らいだり、ほめられることだけをするようになるなど、「大人の顔色をうかがう」子どもになる可能性があるのです。

また、**大人から「ほめられる」こと自体が、かならずしも子どもにとってうれしいものとは限りません。**

私の息子の話になりますが、2歳の頃に保育園でトイレができると、先生が「すごいね。できたね！」とほめてくれたことがありました。ですが、子どもはそれが恥ずかしかったのか、そこから一切トイレに近づかなくなってしまいました。理由は一つではないし、いくつかの要因がかさなったのかもしれませんが、ほめることで子どもの行動に影響を与えてしまったのです。

たとえ2歳だったとしても、生理的なトイレという行為をほめられたことが不快だったのかもしれませんし、息子は注目されるのが苦手だから、みんなの前でほめられたのが嫌だったのかもしれません。保育園の先生方も良かれと思って接してくれたわけですが、結果的にその接し方は息子にとっては、非常に嫌なことだったのではないかと思い返します。

もしかすると、他の子であれば、ほめられたことがうれしくて、そこから一人でトイレに行くようになるかもしれません。トイレだけでなく、ほめられたくて別のことにも意欲的になることもあるでしょう。

ただ、私がここで言いたいのは、**「ほめる」ということは、小さな子どもであったとしても、受け止め方が異なる、とても難易度が高い行為である**ということです。

では、子どもをほめる時、どのようなことに気をつけるべきなのでしょうか。子どもへの「ほめ方」をテーマにした書籍や情報は無数にありますが、ここでは一つだけポイントをお伝えします。

それは、なにかができた・できるようになった、という「結果」をほめるのではなく、やろうとした・がんばった、という**「プロセス」をほめる**ことです。

具体的には、「トイレでおしっこできるようになったね」とほめるのではなく、「トイレでおしっこしようとしてすごいね」とほめてあげれば良いわけです。子どもがトイレに行ったそのきもちを「すてきだね」「挑戦したね」と言われれば、次にたとえうまくできなかったとしても、否定的に感じることはないはずです。

できたことをほめるのは、できなかったことにもフォーカスを当てることにつながります。つまり、「できてすごいね」というと「できなかった時の自分はほめられないのか」といった思いもついてきてしまうのです。

これは、大人目線でばかり子どもを見てしまっては、なかなか気づくことができません。大人の視点で子どもを評価したり、できることを期待するのではなく、**「子どもが言われてどう感じるか」という視点**をもちながら、上手にほめるようにしましょう。

3

3歳まで専門の小さな保育園

理想の保育園ってどんなところ？

保護者の方にとって、理想の保育園とはどんなところでしょうか。

こう聞かれると、多くの方は「安心してわが子を預けられる場所」と答えるのではないかと思います。

私たち保育者自身も、「自分の子どもを預けたいと思える保育園か？」という視点から保育を見直し、時に保護者の方にアンケートを取るなどして、「良い」保育園であるために日々改善に努めています。

それでも、１００点満点と明確にいえる保育園の「完成」や、「完全」なゴールにはたどり着けないとも感じています。

なぜなら、**日々接する小さな子どもたちは、１日として同じ日を過ごしているわけではない**からです。

前章では、小さな子どもたちは個人差が大きいものだとお話をしました。しかし、一人の子だけを見つめ続けてみても、生活も発達も連続しているため、日に日に変わる興味や関心、時間帯による機嫌の移り変わりなどによって、その都度「良いこと」は変わっていきます。

それが、保育園という集団生活になると、子ども同士の関係性や、保育者といった環境との間で、子どもの成長機会も無数に広がり続けるわけです。

そんな中で、保育園はなにをよりどころに、「良い保育園」を目指すべきなのでしょうか。国がガイドラインとして出している「**保育所保育指針**」（**厚生労働省**）が参考になります。

認可を受けた保育園では、毎年、行政の担当者が保育園に立ち入り、運営や保育の中身に問題がないかを調べる、指導監査というものを受けます。保育所保育指針では、保育園の運営にあたり、基準として満たすべき確認事項が多く盛り込まれていま

す。

この保育園運営のバイブルともいえる保育所保育指針の1章では、保育所の役割として、いちばんはじめの文章に「入所する子どもの最善の利益を考慮」という言葉が書かれています。

「保育園はなんのための施設か」と聞かれたら、「働く親が子どもを預けるための施設」と答える大人はたくさんいます。

確かにその通りではあるのですが、国が示す保育園の最も大切な役割は、あくまでも「**子どもの最善の利益**」なのです。

つまり、理想の保育園をシンプルに定義づけるなら、「**子どもの最善の利益を保障できる保育園**」ということになります。そして、ここでいう子どもとは、一人ひとり、「**それぞれの子どもにとって**」という意味なのです。

では、人間としての心の土台ができあがる、「0・1・2歳児にとっての最善の利益」が保障された保育園とは、どのようなものを指すのでしょうか。2章でのお話を、子どもを主体にして改めて整理してみましょう。

- 泣いて知らせたら、無条件で自分の希望に応えてくれる存在がすぐそばにいる
- 「やりたい！」と思ったことを、やらせてもらえる
- 周りの子と比べるのではなく、自分をまっすぐに見て肯定してくれる
- 無理強いされることも、禁止や否定をされることもない
- 自分のペースに周りが合わせてくれる

こうして考えると、家庭での育児の場面でも、すべての時間を子どもに合わせられないのに、保育園という集団生活で実現するというのがいかに簡単でないかが分かるのではないでしょうか。

「それなら、3歳までは家庭で育てた方が良いの？」と思われるかもしれません。ですが、保育園での生活には、家庭ではできないような社会との触れ合いや、お友だちとの日常的な関わり、さまざまなあそびや体験・経験など、たくさんの機会がありま

す。そのため、**「家庭的な保育を」「一人ひとりにていねいに」「集団生活の場で行える」**というのが、小さな子どもにとっての望ましい保育園のあり方といえるのではないでしょうか。

そして、本書で最もお伝えしたいのは、「小さな保育園」には、こうした0・1・2歳児の最善の利益につながるような保育を実現しやすい利点が多くあるということなのです。

ほとんど知られていない〝小規模保育園〟の利点

本書では全体を通して「小さな保育園」と書いていますが、制度上でいうと「小規模保育園」のことを指しています。

小規模保育園は、2015年度の子ども・子育て支援新制度の開始とともに認可事業としてスタートした、まだ歴史の浅い保育園形態です。

0・1・2歳児までを対象に、「園児定員19人まで」の小さな規模で運営できるため、特に保育園の用地が確保しにくい都市部では、待機児童の解消が期待されて生まれた制度です。

私たちが横浜市青葉区・緑区で5園を運営している「といろきっず保育園」も、この小規模保育園にあたります。

もともとは地域の保育ニーズを補うものだったためか、小規模保育園は待機児童問題の文脈で語られることが多く、**肝心の園児や保護者の方にとって、どのような保育園なのか**をまだ知ってもらえていないと感じています。

「はじめに」でも述べたように、これまでの常識から考えると、どこか不完全な保育園のように見られがちで、認可保育園に入れなかった時に仕方なく保活先として考える場所、といったイメージのある保護者の方も少なくないのではないでしょうか。

ですが、そんな小規模保育園ならではの良さや利点を、もっと多くの方に知ってほしいのです。そこでここからは、小規模保育園の基本的な特徴についてご紹介していきます。

集団規模が小さい

先に触れた保育所保育指針には、保育園で行われる保育の目標の一つとして、次のように定められています。

十分に養護の行き届いた環境の下に、くつろいだ雰囲気の中で子どもの様々な欲求を満たし、生命の保持及び情緒の安定を図ること。（保育所保育指針より）

子どもにとって保育園とは、1日の長い時間を過ごす生活の場です。

文字通り「**くつろいだ雰囲気**」が情緒の安定には大事ですし、環境として保たれるべきですが、それには**一緒に過ごす集団の人数**もおおいに関係していきます。

たとえば、大人でも20人の会議に出席すれば、緊張感も生まれ、なかなか発言がしづらいですよね。それが、3・4人程度での会議となると、きもちもずいぶんと変わっていくはずです。

集団規模が小さければ、子どもも一人ひとり、自己を発揮しやすい

小さな子どもも同じように、大人数の集団の中ではなかなか自己を発揮しづらく、保育者側も園児が大人数だと、集団を動かすような保育に傾いてしまいます。つまり、一人ひとりに応答的で、個別的な関わりをするのがむずかしくなるのです。

「一斉保育」や「保育を回す」という言葉もありますが、園児のグループサイズが大きいと、保育者側も、どうしても子どもを全体で動かすような時間の流れになってしまいます。ほかにも、園児が早く動くよう急かしたり、集団からはみ出る子が出ないような声かけが必要になってきます。

そうなると、保育者も余裕がなくなり、

柔軟な対応を取るのがむずかしかったり、あわただしさが表情にも出てしまったりして、園全体の「雰囲気」もどこか落ち着かないものになります。

そうではなく、小さな子どもがくつろげる環境を言葉で表すと、**「ゆったり」「ほんわか」「まったり」など、穏やかで和やかな雰囲気に包まれたような場所**です。園児のグループサイズが小さければ、こうした雰囲気も実現しやすくなるのです。

大きな保育園でも、活動のグループ単位を小さく分けたり、部屋をいくつかに仕切ったりといった工夫をしている保育園もあります。一方、小さな保育園では、そもそも園全体としての園児の人数が少ないのが基本になります。

そのような少人数の集団の中で、一人ひとりが、思い思いに、自由にあそべる環境であれば、保育者も余裕をもって、子どもの主体性やきもちにていねいに関わってあげることができます。**集団を動かす必要もないため、そっとそばで見守るような状態でいられる**のです。

私たちの保育園では、保育者があちらこちらへと動き回ったり、大きな声で子どもたちに呼びかける場面はありません。子どもが自由に動いておもちゃや絵本を手に取り、そのそばでゆったり座り、にこやかに子どもたちと接しています。

集団規模が小さい利点については、実際に園児定員と、保育者の人数を見れば分かりやすいです。

保育に必要な保育者（保育士資格をもつ有資格者）の、法律上での配置基準は、０歳児３人につき保育者１人、１・２歳児は６人につき１人とされています。

たとえば０歳が12人いる場合、配置基準上は保育者が４人いれば良いことになります。しかし、同じ空間で12人の０歳児がいたら、「私はこの３人を担当する」と決めたところで、保育者４人のどの目にも12人の０歳児がそこにいるものとして映ります。そして、だれか一人が泣き出せば、他の子もつられて泣き出したり、不安な感情が広がってしまいます。想像しただけでも大変な状況ではないでしょうか。

私たちの保育園の場合、０歳児の定員数が少ない保育園では２人、一番多いところ

でも4人の設定にしています。さらに、独自の配置基準として、1人の保育者が配置上でになう0歳児は2人までにしています。

つまり、乳児室にいるのは「0歳児2・3人と保育者1・2人」または、「0歳児4人と保育者2人」という状態です。大人数の園児を大人数の保育者で見る状況と比べれば、いかにくつろいだ雰囲気が保てるかが分かるはずです。

また、1歳をすぎると少しずつ自分の足で歩けるようになります。その中には、活発に活動する子もいれば、慎重でゆっくりペースな子もいます。

大人数の園児との関わりでは、保育者はどうしても安全面に気が抜けず、活発な子に気が向きやすいところも出てきます。一方、人数が少ない小さな保育園だと、**一人ひとりに目が行き届く**ため、おとなしい子でも同じように、常に保育者が気を向けている状態が保てます。小さな子どもが放っておかれることなどは起こらないのです。

子どものあそびについても、集団で一斉に動く、というルールがなければ、「子どもがこれであそびたい」という興味や関心をていねいに尊重しやすくなります。人数が少ない保育園だと、さまざまな面から**「子ども主体」の場面が広がりやすくなる**のです。

環境自体が小さい（家に近い環境）

小規模保育園は、その名の通り、一般的な保育園と比べて小さな保育園です。

「ふつうは大きいもの」なのに、それが小さなものと言われると、小さいこと自体がどこか不十分に思われるのは当然かもしれません。

ただ、そこで過ごす子どものことを考えてみると、少し違った観点で見えてくるはずです。

大人の目線で見ると、スペースが広々としていて、天井が高くて開放感のある方が心地良さそうに感じます。しかし、大人の半分ほどの背丈の大きさ、目線の高さ、手足の長さで、ただ広い保育室を想像してみると、どこか落ち着かない気がしないでしょうか。

体育館で過ごしているような感じ、というと極端かもしれませんが、小さな子ども

からすると、**大きくて広々とした空間が必ずしも「くつろげる空間」とは言えない**のです。

私たちの小さな保育園は、やはり一般的な保育園と比べて小さいですが、それでも天井にオーガンジーを張ってみたり、やわらかいラグを敷いた小さなコーナーを作るなどして、子ども目線でくつろげる居場所づくりに工夫を凝らしています。

「小さい＝狭いのではないか？」と感じる方も多いのではないかと思います。安全面から考えれば、当然、「狭い」と感じるような環境下での保育は望ましくありません。

これについては、具体的に面積でご説明します。

まず、**小規模保育園の保育室の必要面積は、認可保育園と同じサイズ**です。認可基準で0・1歳は1人あたり「3・3㎡」、2歳児は「1・98㎡」です。

「3・3㎡」というのは畳2畳分の大きさのため、相当狭いことが分かりますが、これはあくまでも最低基準です。実際には、どこの保育園でも**相応の余裕をもって設計**

されています。

たとえば、私たちが運営するある保育園では、0歳児の定員数は2人としています。その保育園の乳児室で法律上必要な面積は、「6・6㎡」ですが、実際には6畳程の和室を割り当て、ここに保育者が1名いる状態を基本としています。

6畳程度といえば、大人からするとけっして広くはありません。ですが、ハイハイやつたい歩きをするスペースを考えると、十分な広さは確保されているのです。

自治体によって、必要面積の基準や、年齢ごとの区画の考え方は多少異なりますが、基本的には、国の最低基準よりも余裕をもっている保育園がほとんどのはずです。

最低基準自体が低いため、それより余裕があるから「広い」とは言いきることはできません。ですが、こうして考えると、「**小規模保育だから狭い」というわけではなく**、0・1・2歳児に「適した広さ」を考慮した設計ということがお分かりいただけると思います。

異年齢保育　年齢のちがう子どもが育ち合う

小規模保育園は、ワンフロアで年齢ごとに部屋が独立していない造りが多くなります。私たちの保育園でも、0歳児のほふく室は大人の腰ぐらいの高さのゲートなどで区画し、安全面を確保しながら、異年齢の園児が一緒の空間で過ごしています。

ワンフロアで過ごすことで、当然、異年齢での関わりが見られるようになります。異年齢保育は、子どもたちが「育ち合う」という観点で、とても意義があります。

日本では、小学校以降も続く「学年」単位が一般的です。しかし、教育が進んでいる欧米では、異年齢での縦割りクラスも多いようです。オルタナティブ教育で有名なイエナ・プラン、シュタイナー教育、モンテッソーリ教育も、すべて異年齢クラスが基本です。

異年齢での関わりというと、お友だち同士の言葉のやりとりや、協同的なあそびが盛んになる3～5歳児の保育はイメージしやすいですが、**0・1・2歳児でもたくさんの「育ち合い」の場面が見られます。**

異年齢の関わりは、小さな子どもたちにも大きな意義がある

たとえば、年上の子があそび方を教えてあげたり、くつ下を履かせてあげるなどのお世話をしてくれたりもします。自分がママパパや保育者からしてもらったことを、もっと小さな子にもしてあげることで、**自己効力感**を得られ、そしてそれは**自信や自己肯定感**につながっていきます。

心の土台の中に、「**思いやり**」がしっかりと芽生えているのを見ていると、なんとも微笑ましいきもちになります。

年下の子は、自分よりも少し大きなお兄ちゃんお姉ちゃんの姿をよく見ていて、「自分もあのようにやってみたい！」と、見よう見まねでたくさんのことを学びま

す。また、やがて進級すると、今度はその子が下の子に「やってあげる」番へと変わっていきます。

このように、小規模保育園での子どもたちは、**まるで兄弟姉妹のように、一つのおおきな家族のような環境でのびのびと育っています。**

また、その関わり合いにより、アットホームな雰囲気がただようことで、子どもたちの情緒の安定を支えることにもつながっていくのです。

0・1・2歳児保育の専門性

保育所保育指針では、就学前の乳幼児期を、「乳児」「1～3歳未満児」「3歳以上児」という3段階にわけて、保育を行う上でのねらいや内容を示されています。先に紹介したエリクソンの発達段階も、人生の3つ目までの段階がおおむねこの区分にあたります。

小規模保育園では、この3つの段階のうちの2つ目まで、つまり0・1・2歳児を対象にした保育園ですが、2章でお伝えしたように、この時期は**人間の心の土台が形**

0・1・2歳の発達で大切なキーワード

成される重要な発達段階で、個人差や月齢差が一人ひとり大きく開きがあるものです。

3歳くらいになると、言葉での会話が少しずつ成立するようになり、お友だち同士の協同的なあそびもどんどん広がっていきます。法律上「学校」と規定されている幼稚園の教育がはじまるのも、ちょうど3歳からになります。

その3歳以降の保育や幼児教育と区分されて、小規模保育が0・1・2歳児対象なのには、大きな意味があると考えています。

保育士は国家資格をもった専門職です

が、その専門性の範囲はとても広いものです。その中でも、0歳から5歳までの6年間の発達すべてを網羅しきるのは、とても大変なことです。
たとえば0歳の保育を行う上で必要な保健的な知識と、5歳児のそれとでは、少し違った知識や経験、技術が必要になっていきます。
また、1歳児が過ごす保育室の環境構成と、4歳児が過ごす保育室の環境構成とでは観点も異なっていきます。

小規模保育園は「2歳までしかいられない保育園」と思われがちですが、この**0・1・2歳児特有の育ちによりそうために、専門特化した保育園**、と考えていただけると、少し見方が変わるのではないでしょうか。

もちろん、「0・1・2歳児の専門だから、3歳以降のことは知らない」なんてことはありませんし、小規模保育の保育者も、園児が先々に3歳児、4歳児へと連続していく育ちを見通して保育にあたっています。その上で、園全体がまるまる0・1・2歳児のために作られているというのは、集中的に専門性を深め続けることができ、保育の質の向上を図りやすいといえます。

給食室が保育室に隣接(保育と給食の連動)

給食を作る調理室が保育室に隣接していることも、小規模保育園のメリットの一つです。

保育園によっては、小規模保育園であってもフロアが分かれていたり、外部業者へ調理業務を委託している保育園もありますが、一般的には園内の保育室近くに調理室を設置していることが多いはずです。

大きな保育園では、調理室が保育室から離れていることの方が一般的ですが、小規模保育園では、調理員も日頃から子どもたちと関われる距離にいるため、小さな子どもたちも「給食の先生たちが、給食を作ってくれるお部屋」を認識していて、調理室をのぞいたり、調理員に話しかけたりする光景も見られます。

繰り返しになりますが、0・1・2歳は個人差や月齢差が大きいことから、食事に

も細心の注意をはらわなければいけません。通常食だけでなく、離乳食もゴックン期（初期食）・モグモグ期（中期食）・カミカミ期（後期食）・パクパク期（完了食）と細かく段階があり、**園児一人ひとりの発達や様子に合わせ、さまざまな個別対応が必要**になります。

一斉に大量の給食を作らなければならない大きな保育園だと、どうしても個別にアレンジしたり、柔軟に対応することはむずかしいです。一方、小規模保育園の人数分の調理を行う給食体制であれば、かなり細かな対応が可能になります。文字通り、**「家庭的な給食」**の提供ができるのです。また、そのような個別対応を行う上でも、保育者と調理員の連携は欠かせません。

保育室と調理室がすぐ近くにあることで、おのずと**保育者と調理員が密にコミュニケーションでき、タイムリーな情報連携ができます。**私たちの保育園では、保育者と調理員、栄養士が参加する「給食会議」と、調理員間で園児の食の進み具合や情報を共有・把握するための「調理員ミーティング」をそれぞれ毎月行い、かなり細かく情報連携するように努めています。

日々行われる、保育者と調理員の会話の様子

また、食事では家庭での様子を知ることも大切になるため、保育園の中での保育者と調理員との連携だけでなく、保護者の方との情報共有も欠かせません。

普段調理した給食を食べる園児のことを、調理員や栄養士もよく知っていれば、保育者が保護者の方からの食に関する相談を受けたり、家庭での園児の様子を聞いたりした内容を、スムーズに調理員や栄養士にも伝達できるわけです。

保護者・ご家庭との緊密な連携

小規模保育の特徴として、**保護者の方との連携が取りやすい**ところも挙げられま

す。

たとえば、１００人の園児がいる大きな保育園では、毎朝、おなじ玄関に１００人の保護者の方が来ることになります。大きな保育園といえども、玄関のスペースは限られているため、なかなか立ち話をして口頭でコミュニケーションする時間はとりづらいものです。保護者が着替えやおむつのストックを補充するなどの支度・準備で保育室まで入室した際も、保育室には園児たちがいるわけなので、なかなかゆっくり話すことはできません。

一方で、小規模保育園だと、一番大きなところでも園児定員は19人で、この19人の保護者の方が一挙に玄関に訪れることはまずないため、送り迎えの時に保護者と保育者が口頭でお話しできる時間も格段に多くなってきます。

昨今は新型コロナウイルス感染症対策のために、小規模保育園でも時間をとってお話しすることはむずかしくなっています。ですが、保育園の入り口が保育室と近いため、保護者の方の送り迎えの際に出迎える保育者だけでなく、**近くにいる他の保育者も顔を見せてあいさつができる**のも利点となります。

また、子どもたちも、お友だちのママやパパの顔をすぐに覚えて、あいさつをしたり、話しかけたりしあって、日常的にさまざまなやりとりをたのしむ様子が見られます。保護者の方も、保育園にいる全員の子どもたちの名前や顔をすぐに覚えてくださります。

これは大きな保育園でも見られる光景ですが、人数が少ない分、より親近感がわき、「**まるで大きな家族のようですね**」と、保護者の方もよく口にしています。これも小規模保育の魅力の一つだと言えます。

小さな保育園でのあそび（活動）

ここまで、小規模保育園の特徴をご紹介してきました。小規模保育園がどのようなものか、少しお分かりいただけたでしょうか。

保育園での保育は環境を通して行うものですが、小規模保育園は設備面で見ると、

大きな保育園に比べれば、さまざまな制約があるのは確かです。そんな中でも、**小さな保育園ならではの良さ**を生かしながら、**小さな子どものための環境づくりやあそびの工夫**をしています。

そう聞くと、「実際に小規模保育園で子どもたちは、どんなあそびをして過ごしているの？」と、保育の中身や内容についても気になるところではないでしょうか。

そこでここからは、私たちが運営する保育園で主に行っているあそびや活動の様子を、写真でお見せしながらご紹介します。一口に小規模保育園といっても、施設規模やレイアウト、地域環境など、実にさまざまなものがありますが、一つの例として参考にしていただければと思います。

●さまざまな体験が得られる戸外活動

晴れている日は毎日、外へ**お散歩**に出かけます。道中には虫がいたり、季節のお花がきれいに咲いていたり、たくさんの発見をたのしみながら、ゆっくり進みます。

よく行く公園には、安全に走り回れる広場や、じっくりあそべる砂場、四季によって変化を見せる草木もあり、保育者が安全に気を配りながら、子どもたちが目いっぱ

公園の広場では、走ったり、ボールあそびなどを目いっぱいたのしんでいる

いあそんだり観察をたのしむ様子を見守ります。

お散歩の行き先は公園ばかりではありません。街には子どもたちの「お気に入り」のスポットがたくさんあります。

電車が見える場所から、「おーい！」と呼びかけたり、手を振ったり、「どっちからくるかな」と見入っている子もいたりなど、一人ひとりの感じ方にていねいに応答しながら、気がすむまで電車が何本も往来するのを見届けます。

また、花屋に行き、プランターで植えるためのお花や、食育活動で使う野菜の種を

街には子どもたちの「お気に入りスポット」がたくさんある。気がすむまでたのしんでから園に帰る

「これちょうだい」と買いものをすることもあります。

歩いていると、お年寄りやご近所さんなど、たくさんの地域の方がやさしく声をかけてくれます。「おはよー」「こうえんにいく」と会話をたのしんだりしながら歩いていきます。

ほかにも、消防署をたずねて、消防車の席にのせてもらったり、交番にいるおまわりさんにあいさつをしたり、地域の人と触れ合いながら、**「街」という社会で多様な体験を得る**ことで、子どもたちの世界がどんどん広がっていきます。

●自由にのびのびと過ごす室内あそび

花屋でお買いものをした野菜の種をプランターに植えて栽培をたのしむ

保育室内では、**子どもたちがそれぞれ自由に、思い思いのあそびをして**過ごします。

0・1・2歳児の発達にあわせて、ねんどや積み木、ブロック、人形、おままごとセットなどの「見立てあそび」「つもりあそび」「ごっこあそび」につながるおもちゃや、パズルやシールはり、ぬり絵などの微細運動をうながすおもちゃを主に使います。

おもちゃや絵本は、自由に取り出せる場所に置き、**子どもたちが好きなように手に取ってもち出して**あそんでいます。

積み木に没頭して一人でじっくりのめり

人形にミルクをあげてお世話をしてたのしんでいる「つもりあそび」の様子（2歳児）

手指を使った細かい動作ができるようになり、色紙を切り貼りして造作をたのしんでいる（2歳児）。

こむ子もいれば、お友だちと役を決め合って、ごっこあそびを発展させている子たちの様子も見られます。

このほかにも、保育者と一緒にたのしむ「**わらべうたあそび**」**や、手あそび**もよく行っています。

小さな子どもは絵本も大好きですよね。保育園では、保育者が子どもたち全体に向かって読み聞かせるような使い方もありますが、私たちの保育園では主に**子どもと保育者の1対1で関わるためのツール**にしています。子ども自身が好きな時に好きなだけ読めるよう、多種多様な絵本をそろえていま

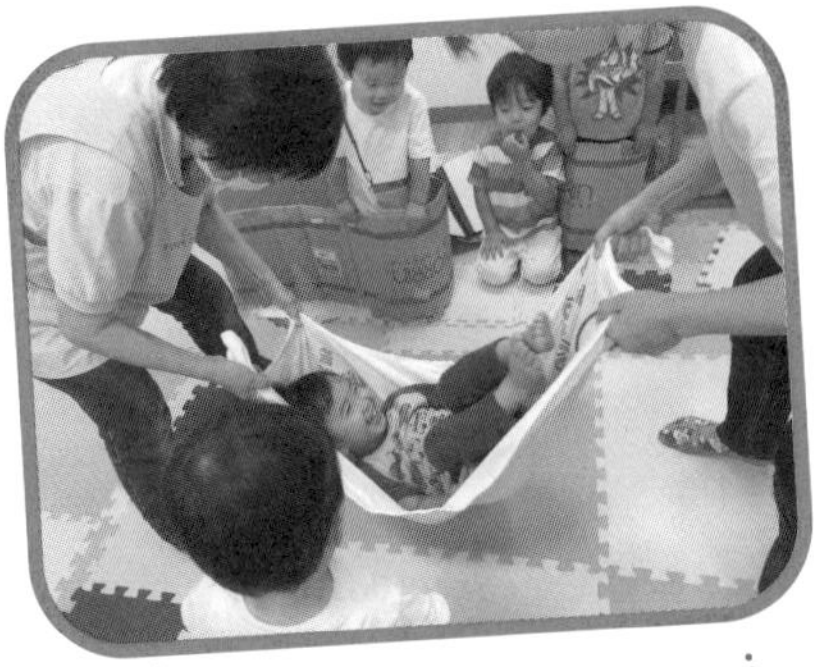

少人数の小さな保育園だと、全員に順番がまわってくる「シーツブランコ」のあそび。

2歳児が保育者代わりに0歳児にわらべうたあそびをやっている様子

す。

●自己肯定感・非認知能力の根っこを育む運動あそび

毎月1回、外部のトレーナーの方を招いて**運動あそび**も行っています。

具体的には、コーンやボールなどの道具を用いながら、たのしく身体を動かしてあそびます。「走る」「ジャンプする」「しゃがむ」といったさまざまな動作を経験し、粗大運動の発達をうながします。

まだ小さな子どもたちのため、体操教室のような身体能力の向上が目的ではなく、あくまでもたのしくあそぶた

あそびを通じて列にならぶ、お友だちを応援するといった社会性を育んでいく

めの活動です。

0歳児は一緒に動き回ることはむずかしいですが、あそびの内容によっては、保育者が抱っこしながら参加することもあります。

体を動かすあそびを通じて、先月できなかったことができるようになって**達成感**を得たり、小さな目標が一つひとつできるようになることで、**自己肯定感や非認知能力の育ち**につながっていきます。

また、お友だちと一緒に取り組むことで、応援し合う、列に並んで順番を守るといった**社会性をたのしみながら身につけて**いきます。

たべることを好きになってもらえるように絵本やペープサート、料理のお手伝いなどを通じてさまざまな形で食に触れ合うあそびを行っている

●たべることがたのしみになる食育活動

毎月1回、給食室の調理員と保育者が共同企画し、行事や日本の伝統、生活に関連したテーマで、たのしく食に触れ合える**食育活動**を行っています。

たとえば、食材を実際に触ってみたり、調理のお手伝いをしたり、野菜のことを絵本でたのしみながら覚えたりなど、「たべること」が好きになってもらえるような取り組みに趣向を凝らしています。運動あそびと同様に、子どもたちも毎月たのしみにしている活動です。

また、活動の様子を写真と文章にまとめて振り返り、保育計画や次の食育計画に結びつけていったり、保育園に掲示して保護者の方に共有したりもしています。

活動の様子を写真と文章でまとめて、保護者にも共有。保育者の振り返りや次の保育への見通しにもつなげている

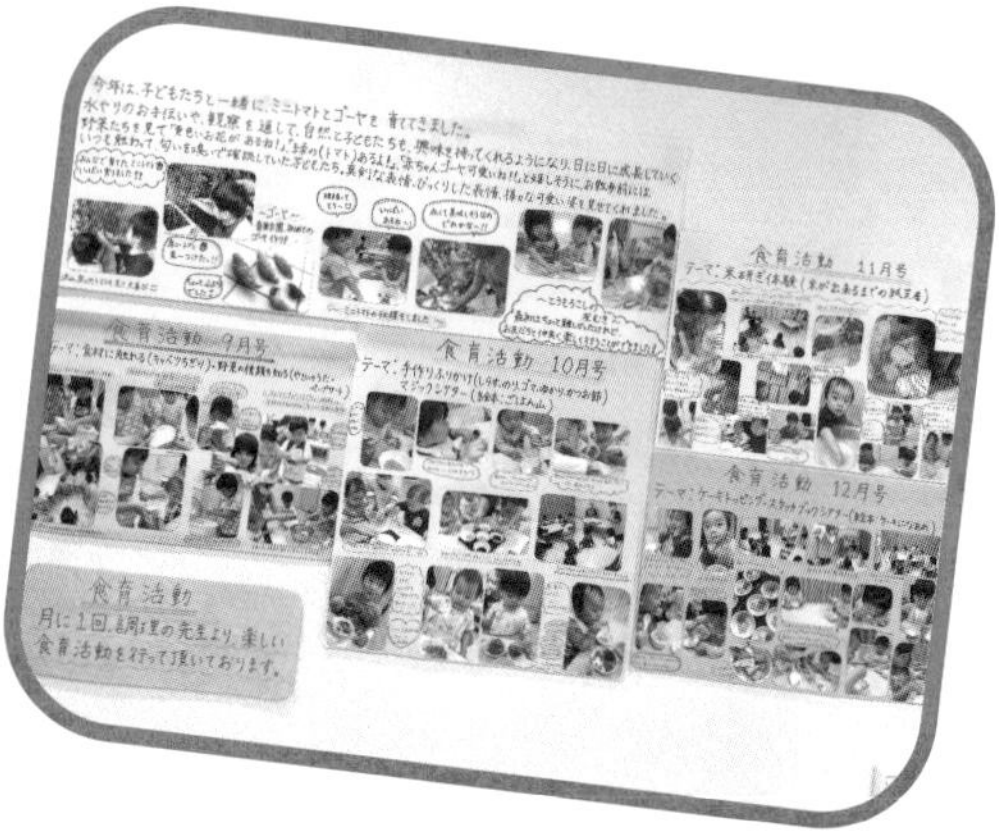

●小さな子どものための行事

私たちの保育園では、**自由あそび**を基本としていますが、みんなで一緒に活動するあそびもあります。先に紹介した運動あそびや食育活動のほかに、たとえば、七夕や夏祭り、クリスマス会、節分といった季節や伝統にちなんだ**イベントあそび**もたのしんでいます。

ただ、0・1・2歳児は知識として慣習や伝統を覚えて学ぶよりも、なによりも「**たのしんで親しむ**」**ことが大切**です。そのため、練習をしたり歌を覚えたりといった大人主導の方法ではなく、絵本で興味や関心をもち、制作をたのしんでみて、そのあそびをさらに発展させていく、という流れをとるようにしています。

鬼さんが登場するけれど、子どもが「泣かされない」節分のあそび

ご覧いただいたように、0・1・2歳児のための小さな保育園では、なにか特別な教育をほどこしたり、ほかにはない珍しい道具などはあまり登場しません。なぜなら、小さな子どもたちが過ごす保育園は、あくまでも**家庭的で、一つひとつの発達の段階や、一人ひとりのきもちによりそうこと**がすべてだと考えているからです。

4

子どもの個性を尊ぶ“十人十育”の実践

保育園の中で大切にしたい「一人ひとりのために」

私たちが運営するといろきっず保育園の保育理念は、**「十人十育～子どもの個性を尊ぶ保育～」**です。それぞれの子どもにはそれぞれの育ちがあるという思いを込めた「十人十育」は、保育園の保育者の間で合言葉のようになっています。

子どもたち一人ひとりのきもちや興味・関心にていねいに応答しながら、それぞれの個性や育ちのペースによりそう保育。

これが、「十人十育」という理念のもと、私たちの保育園で共通の価値観として大切にする基本的な考え方です。

保育園であれば、保育園の大きさや運営形態にかかわらず、**一人ひとりを大切にすること**を目指すのは当たり前で、どこでもそうあるべきと考えられていると思います。本書で度々取り上げている保育所保育指針にも、「一人ひとりのために」という言葉は何度も登場します。

しかしながら、ママパパがお子さんを保育園に連れてから、「行ってきます！」とあいさつを交わした後の時間というのは、**その子だけでなく他の子がいる集団生活の場**です。みんながいる中でのその一人、という状況に身を置くことになります。

家庭では、その子だけのためにアレンジができますが、集団での生活となると、どうしても「周りに合わせる」時間や場面が出てきます。保育の現場では本当の意味で、一人ひとりを尊重し、子どもが主体的に過ごせる状況を実現するというのは、実際にはとてもむずかしいことなのです。

私たちの保育園には、「十人十育」という保育理念に共感した保育者が集まり、日々その理念の実現を目指して保育にあたっていますが、その先生たちの中には、「もっと子どもたち一人ひとりとていねいに関わりたかった」「子どものペースに合わせられるような保育がしたかった」と、過去の保育経験の中で葛藤を抱えてきたという人も少なくありません。

私たちは保育園という集団生活の場であっても、少人数の小さな保育園の特性を生かして、子ども一人ひとりが思い思いにいられる場になれるよう、さまざまな工夫をしています。

なぜなら、0・1・2歳児は個人差や月齢差が大きいため、その小さな子どもたちのための保育園は、特に、個別の配慮や一人ひとりに合わせることが大切だからです。

2章でお伝えしたように、保育者の日々の接し方や声かけ一つをとっても、子どもの心の土台形成に大きく関わります。

そのため、私たちの保育園では、子ども一人ひとりの個性や育ちのペースによりそうために、「どのように保育を行うか」という方法論だけでなく、「**子どもという存在をどのように見るか**」という**子ども観のすり合わせ**を重ね、保育者間で共通認識を図りながら、園全体・法人全体で「十人十育」の実現に力を注いでいます。

本章では、そんな、小さな子どものために行っている私たちの保育の考え方をお伝えしていきます。

実際に私たちの小さな保育園に通われる保護者の方の声も紹介していくので、「**子ども主体の保育**」を目指す保育園の姿について、少しでも参考になればと思います。

また、保育の現場でよくある「集団を動かすこと」「保育を回すこと」をつい優先してしまう場面について、子ども主体であるために大切にすべき考え方もお伝えしていきます。保育者の方にも、普段の保育を見直すきっかけになるところがきっとあるはずです。

子どものきもちが最優先

「ネンカリ」「ゲツアン」という言葉になじみのある方は、あまり多くはないかもしれません。

保育園では、保育者がただ子どものお世話や見守りをしているだけではなく、子ども一人ひとりの育ちに応じた計画を立て、日々の保育を展開しています。

　年単位で立てる計画を**年間指導計画**（**年カリ**）、月単位で立てる計画を**月間指導計画**（**月案**）といい、さらに1週間や1日といった短期で立てる計画もあります。

　これらの指導計画では、保育園生活の中で子どもたちに体験させてあげたいことや、その体験を通じて育みたい力、そのために保育者側が用意するものなどを具体的に書面にまとめていきます。ですが、**子どもたちの集団生活なので、当然計画通りにいかないこともしばしば生じます。**

　そうした時に、子どもたちの興味や様子、園児同士の関わり、天候といった変化に応じて、どこまで柔軟に予定を変更したり、別の案に切り替えたりできるかが重要になります。

　そこで私たちが一番大切にしている基準が、「**子どものきもち**」です。

　指導計画とは、あくまでも計画でしかないのですが、大人数で動く集団での一斉保育に気が向きすぎると、時間通りに・予定通りに進めないと「保育が回らない」という焦りが出てきてしまいます。

ただ、私たちの保育園では、計画通りにはいかないことは前提のことだと考えています。予定していた流れが変わってしまったなら、当初の計画に固執せずに、「Aくんにとってどうだろう？」「Bちゃんにはこの方が良いかも」と、**子どものその時々のきもちを優先して、随時保育の軌道修正を行います。**


たとえば、「9時10分に保育園を出発し、9時20分に第一公園に到着する」という予定があるとします。

お散歩では、お友だちや保育者と手をつないで進みますが、1歳・2歳の子どもたちは「誰々とつなぎたい」「○○先生とじゃなきゃイヤ！」「お散歩カート（避難車）に乗りたい」といった、その日の気分やこだわりを見せることがあります。

そのような時は、じっくり子どもたちのきもちによりそって、納得できるまで出発はしません。「さあ行こう！」となった時には、すでに予定時刻を過ぎていた、なんてこともしょっちゅう起こります。

「本当だったら今ごろ、公園で虫を探したり、新しい発見が得られたのに（今日はその

お散歩で見られる「この子と手をつなぎたい！」という子どものきもちは、大人にとっては小さなことのようでも、その子にとっては重要なこと

体験機会を失ってしまった）」なんてふうには、私たちは考えたりしません。

それよりも、**その時その時に「自分のきもちをていねいに尊重してもらえた」という、子どもの心の中で感じとるものの方が、はるかに重要**です。そういった体験の積み重ねから、自己肯定感は育まれていくのです。

先に紹介した運動あそびも、みんなで一緒にたのしむ活動ですが、あくまでも子どものきもちを尊重します。

みんながたのしんでいるそばで、「興味はあるけど、まだ自分は輪に入る気にならない」といった様子の子もいます。ある子は絵本コーナーで、保育者と二人きりで絵

みんながあそんでいる中には入らないけど、興味を示して保育者とかたわらで様子を見ている子も。保育者は無理に参加をうながさず、子ども自身の意思によりそう

本をたのしんでいたりします。参加しようとしない子を無理に参加させようとはせず、一人ひとりの、その時その時の子どものきもちによりそい、**自発的に「やりたい」と本人が思うタイミング**を見守ります。

2章で述べたように、トイレを「トレーニング」しようと子どもに働きかけるアプローチをしないのも、同じような考えからです。

子ども主体で、自主性を大切にした保育というと、「やりたいことを好きなようにやらせているだけ」という印象をもたれる方もいますが、けっしてそうではありません。

保護者の声①

子どもは自らの意思や主体性をベースに、興味関心をもったことに向かうことで、さまざまなことを発見したり、自分で考えたり、学びを重ねていきます。保育者はその時の様子を観察・記録し、振り返り、次の計画に生かしています。大人にやらされて獲得するよりも、はるかに意味があるのです。

子どもになにをやらせるかという視点で保育の計画を立てるのではなく、**子どもの「やりたい」を引き出し、個別に一人ひとりのきもちやペースを尊重**するのが、3歳までの小さな子どもたちには最も望ましいことなのです。

園児一人ひとりの育ちに、家庭とともによりそう

保育園は、子どもが1日の大半を過ごす場所ですが、**子ども本人からすれば、連続した毎日の成長の中での一部分**でしかありません。

「おはよう！」と登園する前には、起床してご飯をたべて、支度しておうちを出発し、道中いろんなものを目にしてから保育園に到着します。ここまでの流れでは、いつもママパパと一緒に関わっていくものでしょう。

当たり前のことですが、おうちにいる時の様子は保護者の方のみが知り、保育園にいる時の様子は私たち保育者しか知りません。まだ言葉のやりとりが完全ではない小さな子どもだからこそ、発達や成長を支える上で、保護者の方と保育者が密に情報連携し、いかにその子の理解を深く共有できているかが重要になります。

「いつもより少し睡眠時間が短かった」「今日は少しお腹がゆるいみたい」などと、

ちょっとした変化や日々の様子については、連絡帳や送迎時のコミュニケーションで共有ができますし、気になる点があれば保護者の方にその都度お聞きして、必要な情報を把握します。これはどこの保育園でも見られる光景です。

そんな保護者の方との情報の連携で、私たちが特に意識しているのが、**「保育園側からの情報」をできるだけたくさん、さまざまな内容をお伝えすること**です。

実際の保育園ではどんなふうに過ごしているのか、具体的にどんなことがあったのか、ママパパはとにかく知りたいところです。私自身も保育園に息子を預けている時はそうでした。

また、保育者側からしても、日々いろんな場面で、その子らしい姿やちょっとしたエピソードに触れ、ママやパパに伝えたい！と感じることがたくさんあります。

そういった思いから、私たちの保育園では日々の連絡帳とは別に、月単位でのお子さんの成長を写真付きで記録し、保護者の方と振り返りを書き合う、交換日記のような**成長記録ノート**を作っています。

先に述べたように、保育園では指導計画をもとに保育が行われますが、特に0・

保護者と保育者の成長記録ノート「といろく」。毎月、保育園で見られるその子らしい姿やエピソードを写真付きで記録し、園児が成長していく喜びを、保護者と共有している

1・2歳児は、一人ひとり個別の「現在のその子の姿」「保育におけるねらい・内容」「保育者の関わりや配慮」といった項目をかなり細かく検討して、保育に取り組んでいます。

「〇〇ちゃんのためには、こういった保育に取り組んでいこう」と保育園が考えている方向性を、少しでもママパパと共有していければ、より**保育園と家庭との関係性が強く**なるのではないか、という思いもあってはじめたものです。

日々の連絡帳でも、その日その日のお子さんの様子を共有できますが、「今日こんなことがありました」といったホウ

保護者の声②

レンソウが多くなります。

対して、この成長記録ノートでは、お子さんの毎月の成長の積み重ねや、その子らしい個性の発見を、**保育者と保護者で一緒に記録し、振り返りながら作り上げていくツール**になります。

数年前に成長記録ノートを導入した当初は、保育者の書類が増えてしまう負担をどうカバーするか、保護者の方にとっても書くのが負担になるのではないか、などと、さまざまな懸念もありました。

そこで、園内書類の重複している作業を簡素化したり、ICTシステムやスマートフォン、タブレット端末などを導入して業務効率を高めるなどして、今では保護者の方にとっても、保育者にとっても、**子どもの「その子らしい」成長をたのしむ特別なもの**になっています。年度が終わる時にはそのまま家庭にプレゼントしていますが、保護者の方も「一生の宝物」と喜んでいただけています。

全員保育——どの保育者も全園児の個性や、その日の様子を理解していく

一般的に、保育園では年齢ごとにクラスが分かれ、部屋も仕切られていて、担任の先生が決まっているものです。

「○○組の担任は△△先生」と決まっていた方が、保育者側からすると管理がしやすくなります。保護者の方にとっても、「うちの子をいつも見てくれているのは△△先生」と決まっていた方が安心かもしれません。

ですが、小さな保育園の保育室は、基本的には一つのフロアで、どの保育者も子どもとすぐそばで関われる距離感にいます。それこそが小さな保育園の良さだと考えて

います。

そのため、私たちの保育園ではあえて、**担任の先生を決めずに、保育者がどの園児とも関わる**ようにしています。

0歳児については愛着形成が大事な時期のため、あれこれと保育者が関わるのではなく、特定の保育者が関わることが基本になりますが、一人の保育者には限定していません。

なぜなら、子ども自身のきもちや主体性を大切にしていると、決めてしまうことがかえって、子どもにとってプラスにならない面が出てくるからです。

小さな子どもたちは、その時、その気分の移り変わりが大きく、どの先生とあそびたいか、どの先生に抱っこされたいか、どの先生に甘えたいかは、その都度変わっていきます。

だからこそ、おもちゃや絵本などを自由に取り出してあそぶ子どもの主体性を大切にするように、**どの先生と関わりたいかも、子どもが決めた通りの方が良い**のです。

また、子どもの理解を深めるためにも、**特定の担任の先生の視点や経験に依存せず**、経験や知識、子どもと関わる頻度などが異なる、複数の保育者が一人ひとりに関われるようにしています。そうすることで、園全体としての子どもの理解にもつながっています。**多面的に一人ひとりの子どもを観察したり、理解ができていると、見立ての幅も多様で深いもの**になっていきます。

担任の先生を決めない利点は、ほかにもあります。

保育とは、さまざまな保育者が関わって行うチーム仕事ですが、「この子は△△先生が担任の子」と決まっていると、別の先生がなにかに気づいたり、気になることがあったとしても、「担任の先生が気づいているだろうし、余計なお世話かな」と遠慮が出てきてしまいます。担任の先生も、自分が担当している園児への思いは強くなりますが、他の園児にはどこか他人行儀にもなりかねません。

大人数の子どもたちがいる保育園では、さすがに担任の先生が決まっていない保育運営は無理があると思います。しかし、小さな保育園では、少人数の子どもたちと保

保護者の声③

育者が、同じ空間で過ごすため、**「子どもにとってどうなのか」**の視点で考えると、やはり全職員が全園児と関われる前提で保育を展開した方が良い。そう考えています。

数年前に「1・2歳児については年齢でクラス分けするのをやめましょう。担当を決めずに、どの先生も全園児と関われるようにしましょう」と私が言い出した時、現場の先生たちからはかなりの反発がありました。

「指導計画や連絡帳はだれが書くのですか?」「どうやって保育をするのですか?」と、はじめはなかなか理解してもらえませんでしたが、何度も話し合い、書類のフォーマットを見直したり、環境構成や運営方法の検討を重ねる中で、少しずつ実現していきました。

今では常勤だけでなく、非常勤の先生も連絡帳や成長記録ノートを書くことがありますが、**保護者の方も、「どの先生に聞いてもうちの子のことを分かってくれているので安心**」と言ってくださっています。

子どもが安心して自己を発揮できる「雰囲気」

3章で、小さな子どもたちの保育園にはくつろげる雰囲気が大切だとお話をしました。

さらに、もう一つ、保育室という空間で大切なのは、**子ども一人ひとりが「安心して自分のきもちや意思を発信できる」雰囲気**です。

小さな子どもが1歳を過ぎ、だんだん興味や関心が広がっていくにつれ、「見

て！」「せんせー！」と、私たち保育者にたくさんの発信をし、いろんなことを教えてくれようとします。

家庭で家事に追われている最中に、お子さんから「見て、見て！」と話しかけられて、「ちょっと待っててね」「後でね」とあしらってしまった経験はありませんか？

私たちの保育園では、こうした**子どもからの発信に対して、一つひとつていねいに向き合い、応答的に関わることをかなり重視**しています。

なぜなら、子どもは自分からの呼びかけをむげにされたり、軽くあしらわれたりしてしまうと、「伝えたい！」という意欲も、「自分は大切にされている」という自己肯定感も育まれないからです。

保育者は、子どもと関わることが最も大切な仕事なので、「子どもに応答するのは当たり前」と感じる方もいるかもしれません。ですが、集団保育の中で、一人ひとりのきもちに応じていくのは、効率的なものではないため、保育の現場では軽視されがちな部分だと感じてきました。

たとえば、子どもの「見て！」への応じ方について、保育者の採用面接の場などで話題に出すと、「そうすべきだけど、保育を回すのに必死で、なかなかていねいに向き合えていなかったんです」と非常に共感されることも多くあります。

子どもが安心して自己を発揮できるには、子どもが周りの目を気にしたり、周りに合わせたりするのではなく、「ありのまま」の状態でいられることが大切です。

この雰囲気づくりに大きく影響する、もう一つの要素が、**「保育者の雰囲気」**です。

保護者の方も、お子さんを預ける保育園を探す時、一番気になるのは「どんな先生たちがうちの子と関わるの？」ということではないでしょうか。

0・1・2歳児しかいない私たちの保育園では、保育者がもつ雰囲気に共通するものがあります。それは、**穏やかで、いつもにこにこした、文字通り「やさしい顔つき」をしている**、という点です。

子どもが育つ上で、保育園の環境の中で最も大きな要素の一つが、私たち保育者です。

保護者の声④

目つきがきつかったり、語気の強い言葉かけは、0・1・2歳児が健全に心を育てていく環境には向いていません。性格は人それぞれですし、良い悪いはありませんが、あくまでも小さな子どものための保育園で保育に携わる方には、**厳しさや力強さよりも、とにかくやわらかい印象を帯びた人**であってほしいものです。

　そうした観点で同じ志をもった人が集まると、園全体が「ほんわか」「ゆったり」「まったり」のような、穏やかで和やかな雰囲気がただよう空間になります。

　このような環境が、どんな性格の子でも安心して自分が出せる場所なのです。

園児に合わせて個別にアレンジする食事

個人差の大きい0・1・2歳児にとって、食事は**個別対応**が欠かせません。

0歳から離乳食がはじまり、初期・中期・後期・完了期と進んでいきますが、**「0歳児」といっても保育園にいる子どもはそれぞれ月齢差があり、一人ひとりのペースや家庭での進み具合も異なります。**

幼児食になってからも、たべられる量の違いや、好き嫌いはそれぞれにありますし、「野菜は嫌いなものが多くて」「うちの子、ぜんぜん家では（量を）たべなくて」などと、家庭での悩みや不安もそれぞれにあるでしょう。

3章でも触れましたが、保育室と調理室が隣接している小さな保育園には、**子ども一人ひとりの食事にていねいによりそえる**という大きな利点があります。

調理員が子どものたべている様子を直接見たり、保育者と日頃から個別の食の進み

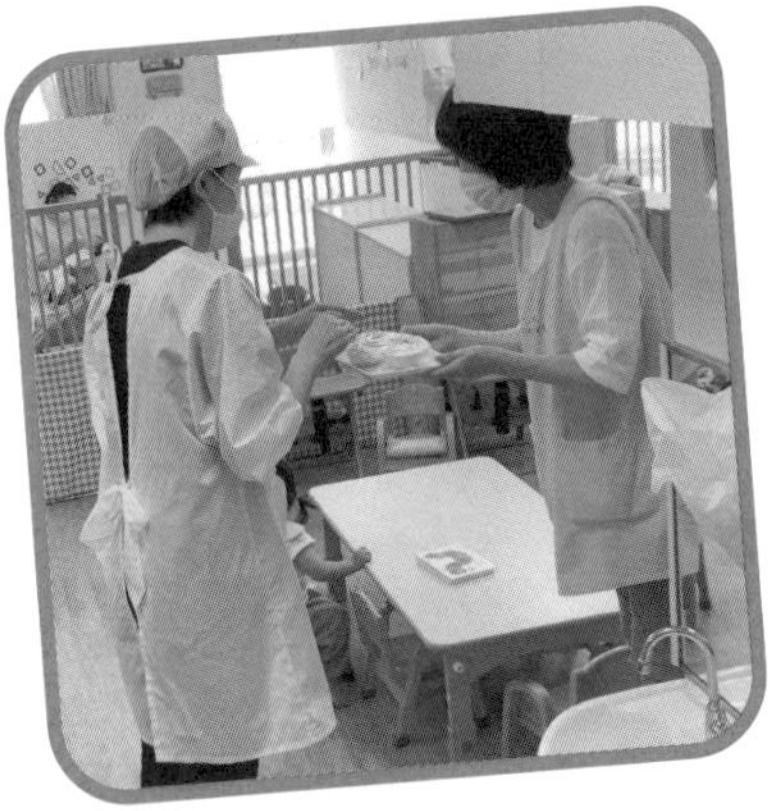

子ども一人ひとりの発達や食の進み具合を、保育者と調理員で逐一共有し、調理の加減やカットの大きさなどを個別にアレンジしている

具合、好き嫌いや家庭での摂食状況を情報共有しているため、園児全員分の給食を作る中でも個別のアレンジを行えるのです。

たとえば、食材の刻み方を変えたり、固さを少しやわらかく仕上げたり、子どもたち一人ひとりのその時々の食の進み具合に合わせて、調理の段階でひと手間を加えることができます。

また、たべる量が少なくてなかなか食が進まない子には、盛り付けの量をあえて少なめにして「たべ切った」という達成感を得られるように声かけをすることもあります。

野菜にまったく手をつけないお子さんには、無理にたべさせようと声をかけてうながすのではなく、絵本

小さな子どもは「食の芽生え」の段階。手づかみたべがはじまる頃は、一人ひとりのそしゃく力に配慮して食材の固さや大きさを個別に調整している

調理員が保育者と連携して食育活動を企画している

やパネルシアターを使った食育活動を通じて、「たべてみよう」というきもちや興味を引き出す工夫をしてみたり、野菜を栽培したり、お散歩途中の八百屋さんで野菜を買うことをたのしむなど、野菜そのものに親しみがもてるような機会を作ってみたりもします。

　私たちの保育園では、調理員が子どもたちのたべる様子を見たり、声をかけたりするだけでなく、**保育の中に入っ**

保護者の声⑤

て一緒にあそびをたのしむこともあります。

食育活動では、保育者と調理員が協議して企画し、毎月1回行っていますが、一緒に食材を触ってたのしんだり、パネルシアターを行ったりもしています。

保育士と調理員とでは、業務内容が違いますが、子どもにとっては、「一緒に保育園で過ごしている先生」です。子どもたちにとっても、ただ給食を作ってくれる人ではなく、一緒にあそぶことをたのしんだりもする「給食の先生」として認識しています。**保育者だけでなく、調理員もふくめて「全員保育」を形づくっている**のです。

なにげなく使う言葉を「子ども主語」に置きかえる

子ども一人ひとりのための保育園であるために、私たちの保育園では、**普段から使う用語や言葉**についても、細かくこだわっています。

たとえば、「**慣らし保育**」という言葉があります。

慣らし保育とは、お子さんが保育園に通いはじめて、保護者の方との分離生活、集団生活に慣れていけるよう、段階的に保育時間を延ばしていくことを言います。

この「慣らし保育」という言葉を見て、なにか違和感を感じないでしょうか。

この言葉は、かねてより保育園で自然に使われてきましたが、非常に大人目線というか、**大人の都合を子どもに押し付けているように感じさせる言葉**だと思います。

慣らし保育を、子どもを主語に置きかえてみると、「親との分離生活に慣れさせら

小さな子どもからすると……

慣らし保育
▼
親との分離生活に「慣れさせられる」

寝かしつけ
▼
眠りにつかされる

絵本の読み聞かせ
▼
絵本を読み聞かされる

一時預かり
▼
一時的に他人の手に預けられる

あそばせる
▼
あそぶことを強いられる

れる」ということになります。なんだか、子どもの心が置き去りにされているような印象を受けないでしょうか。

慣らし保育に限らず、**育児や保育の場面で使われる言葉は、大人が主語なものばかり**です。

今まで無意識に使われてきた言葉の主語を、子ども側に置きかえてみると、上の表のようになります。

自分が子どもだったらと思うと、なんともうれしくない状況下に押しやられる感じがします。

私たちの保育園では、こうした用語や言葉を**〝子どもを主語〟に置きかえて**使うようにしています。たとえば、慣らし保育は「慣れ保育」、寝かしつけは、単に「○○ちゃんが眠る」と言ったり、「お昼寝によりそう」といった言い方をします。

こうした用語だけに限らず、世の中を見渡すと、子どもたちに対して「大人に合わせさせている」と思うような慣習や大人のふるまいが多いことに、度々はっとさせられます。

だからこそ、せめて保育園では、子どもの主体性や権利が尊重される環境で過ごさせてあげたい。そんな思いから、細かなことかもしれませんが、使う用語にもこだわっているのです。

私たち大人側が子どもに合わせる

ここまで、子ども主体の保育園を実現するために、私たちの保育園で行っている取り組みを紹介してきました。「**子どものきもちを優先する**」ことも、「**園児一人ひとりによりそう**」ことも、言葉では分かっていても、保育園という集団生活の中で、本当の意味での実現は簡単ではないことにも触れてきました。

では、具体的に「子ども主体」の保育園とは、どのようなところを指すのでしょうか。具体的にはどのような場面で、どのような形で表れるのでしょうか。

ここからは、実際の保育の現場でよく見かけるシーンを例にして、「**子ども主体」のあるべき姿**をご説明していきます。

エピソード1 お散歩途中で一人の園児が立ち止まったら、どうする？

私たちの保育園では、晴れている日は基本的にお散歩に出かけます。

前にも話したように、ある程度は計画を立てた上で戸外活動を行いますが、予定通りにいかないこともたくさんあります。

小さな子どもたちは、道を歩いていれば、花に目がいって触ってみたくなるし、虫を発見したらしゃがんで、じっと見つめたくなります。

たとえば、子どもがなにかに注目して立ち止まった時。保育者側が、子どものきもちを優先する意識が薄かったり、大人目線で「保育を回そう」と考えてしまうと、次のようなことが起こります。

①その子の興味に付き合っていると、「他の子たちが待たされる」と考えてしまう。

②「ここで全体が止まると、保育園に帰るのが遅れ、食事からお昼寝までの流れが時間通りに進まない」

③「職員の休憩回しがうまくいかない」「掃除ができなくなる」

このように、**どんどん大人主体に思考が回転してしまう**のです。

保育者の「こうしよう」が「こうしなきゃ」となり、結果として、ある一人の子の育ちにおいて大切な場面に気づいても、集団を動かすことが成立しなくなるため、それを優先できなくなってしまいます。子どもが立ち止まっているのに、保育者が手を引っ張って進もうとしてしまうのです。

「本当はこうした方がいいのに……」と、先生たち自身も悩み苦しむような負のループが起こってしまいます。

保育には正解がないと良く言われますが、私は、不正解はあると思っています。

それは、「**大人に合わせさせる保育**」です。

これは逆の言い方をすると「子どもに大人が合わせる保育」になりますが、それをさらに「**子ども一人ひとりに大人が合わせる**」という意味を込めたのが、私たちの掲げている保育理念、「十人十育」です。

先のお散歩の例を、この理念に基づいて考えると、次のような思考になっていきます。

①一人の子どもの突発的な行動や、ちょっとしたきもちの動きにも、保育者が**ていねいに応答しよう。**

他の子たちはそれを見て、「なにがあったのだろう?」「自分も～」といった子どものきもちを他の先生が感じ取り、それぞれ話しかけたり、共感したり、一人の子の行動に巻き込まれていく。そうなれば、応答してもらった「**他の子**」も、**一人の子として主体**

になるだろう。

②食事やお昼寝が後ろにずれるかもしれない。そうなることで**失うものと、得られたはずの大きな育ちの機会の優先順位**はどちらが高いのだろう。

もうお腹が空いて機嫌の悪い子がいるならば、お散歩グループを先帰りチームと、寄り道チームに分ければ良いのかな。

そして寄り道チームの帰る時間遅くなってしまっても、別に構わない。いつもとは少し時間がずれたところで、1歳でもリズムはすぐに取り戻せるはず。**子どものきもちを無視してまで、**大人側の休憩の順番や掃除のタイミングを優先することはないだろう。

③本来、保育者の「こうしよう」という計画は、**子どもの理解**からはじまるもののはず。

保育者が「こうしなきゃ」と考えるチームだと、子どもを大人に合わせさせる・従わせる保育になりかねない。

「こうなっちゃった。じゃあこうしようか」と、子どもの状況や様子、きもちといった変化に応じてこそ保育なのだ、と考えられるチームならば、きっと、子どもを主体にした展開が広げられるでしょう。

エピソード2 鍵でガチャガチャとあそんでいる子どもの行動をどう受け止める？

保育園内に入ると、スペースを区画するゲートがあるのをよく目にすると思います。小さな保育園でも、乳児がハイハイするスペース（ほふく室）と保育室、玄関と保育室などの区画を、大人の腰くらいの高さのゲートで仕切っています。

子どもが自由に開けて出入りしては危険なので、ゲートには鍵がつけられていますが、腰くらいの高さのゲートだと、その鍵は小さな子どもの手でも届く位置にあります。

子どもは、普段から保育者がこの鍵を開けて出入りしているのをよく見ているため、「ぼくも開けたい」「あっちの部屋に行くにはあれを触ればいいんだ」と、ガチャガチャと鍵を触ろうとする子がいます。同じような環境になっている保育園では、ど

こでもよく見られる光景です。

そうした時、「危ないからダメ！」「それは触らないで！」などと子どもに強く言い聞かせれば、今後はやらなくなるかもしれません。

ですが、前にもお伝えしたように、1歳や2歳の子どもたちが、なぜ触ってはだめなのか、なぜやろうとしていることを止められるのか、その意味までは理解できないのです。

保育者が子どもに対して、禁止する言葉や、強い口調で「やらないようにさせる」行為は、子どもの「やりたい」という意欲や興味、好奇心をそいでしまうだけでなく、「やらせてもらえないんだ」という無力さや、否定的なきもちだけが心の中に残ってしまいます。

とはいえ、安全のために区画しているゲートなので、自由に子どもが開け閉めするのを放っておいては、鍵の意味がなくなってしまいます。

こういう時も、私たちの保育園では、**「子どもにとってどうだろう?」という視点**から考えます。

小さな子どもたちは、いろんなことに関心が広がりはじめ、自らの意思でいろんなものにきもちが向かっていく発達段階にあります。興味があるものには、まずはなんでもやってみようとします。

家庭でも、ちょっとした穴を見つけては指を突っ込もうとしたり、引き出しを全部開けようとしたり、ティッシュペーパーを何枚も引っこ抜いたり……「ダメ!それはやらないで!」と、つい言いたくなる場面がたくさんありますよね。

そんな時、まずは子どものそのきもちによりそうことから関わりをスタートします。

「そうだよね、触りたくなるよね」という**共感を示す言葉**や、「〇〇ちゃん、こんな

高さまで手が届くようになったんだね〜」と**肯定的な態度**で声をかけます。

　そして、「これは危ないからさわらないでおこうね」と、やさしく伝えればいいのです。

　まだ言葉の意味や理由までは理解できなくても、漠然と「これは触らない方がいいのかな」ということは、少しずつ分かっていくものです。また、言葉ではなく「**感情」は子どもにもしっかり伝わります。**

　なんとか止めようと思い、大きな声で力強く「ダメ！」と言ってしまっては、子どもは**叱られたという感情よりも、「怒られた」という感情の方が芽生えてしまう**のではないでしょうか。そういった体験が繰り返されると、自主的にいろんなことをやってみようという主体性や意欲が失われ、大人の顔色ばかりを見る子に育ってしまいます。

だからこそ、保育でも育児でも、まだ小さな子どもたちには「叱る」「怒る」「言って聞かせる」ではなくて、**ていねいに「伝える」という接し方や、声のかけ方を意識するのが大切**なのです。

　また、危険は**子ども側ではなく、環境側**にもあります。子どもが鍵を触るのは「当たり前」で、そもそも触っても大丈夫なように環境を改善していくことも大切です。

「これだと、やっぱり簡単に開けられちゃうよね」「こっち側に取り付けたらどうかな？」「こういうタイプの鍵の方

玄関と保育室を区画するゲート。「ダメ！」といって触らせないようにするのではなく、鍵をいくつも取り付けて環境を改善することで安全を確保している

が危なくないんじゃない？」などと、検討していきます。

その結果、私たちの保育園にあるゲートには、開園した時から鍵が2つ、3つと追加でつけられていたりします。

それでもかしこく開けてしまう子もいるのですが（笑）、一年中鍵を開けてあそぶわけではありません。そのため、やはり先の例でもお話しした、**「伝える保育」をていねいに重ねていくこと**が大切なのです。

エピソード3　くつ下を自分ではける子が「はかせてほしい」と言ったら、どうする？

０・１・２歳児はめざましい早さで、いろんなことが「できる」ようになっていきます。

衣服の着脱もその一つですが、**できるようになったことを、あえて「やって！」と保護者の方や保育者に言ってくることがあります。**そうした時に、どう応答するかも、大人側の育児観や保育観によって異なっていきます。

たとえば、くつ下を自分ではけるようになった子から、「はかせて～」とおねだり

されたら、どのような反応を示すのが良いでしょうか。

「えー、○○くん、自分ではけるでしょう」

「2歳なんだから、もう自分でできないと」

「○○ちゃんは、ほら、自分でやっているよ」

　これらのように、自立をうながすために、自分でやらせようと言い聞かせていませんか？

　あるいは、「お散歩の準備で忙しいのに」などと、作業の方を優先してしまっていませんか？

これ以外にも、子どもの甘えたいきもちを、「ここで甘やかしたら、わがままになってしまう」などと考える人もいますが、それはまったくのお門違いです。なぜなら、**「甘やかす」ことと、「甘えさせる」ことは意味が異なるからです。**

甘やかすとは、子どもが自分でできるようになったのに、大人が手助けしてしまう、**主体が大人側にある行為**のことをいいます。

子どもがわがままになって困るのは、子どもよりも大人側です。

「あれちょうだい」「これ買って〜」という要求に応えないと駄々をこね、本当は良くないと思いながら与えてしまうのも、大人側の困りごとを回避するためだったりします。

あるいは、子どもが靴をはくのを待っていては、約束の時間に遅れてしまうからと、手伝ってはかせてあげてしまうという行為も、大人側の都合で甘やかすことの一つです。

一方、甘えさせるというのは、子どもの心理的な要求に応える行為であって、**主体**

は子ども側です。

「甘えたい」という子どものきもちには、親や保育者から愛されていることを確認するためだったり、いつでも守ってくれる存在を感じて安心したいという思いが隠れています。

もしくは、保育園での集団生活の中でがんばっていて、「もっと自分だけのことを見てほしい」というきもちが隠れているのかもしれません。

それらのような、子どものきもちが主体にある場面に、一つひとつていねいによりそうことで、繰り返しお伝えしている「基本的信頼感」や「自己肯定感」、「非認知能力」といった心の土台が築かれていくのです。

今まで自分でできていたのに、「できない」と言って甘えてくれたら、そういった心の土台を育むチャンスです。

くつ下を自分ではける子が「はかせてほしい」と言ったら、笑顔でやさしく「はーい」といいながらはかせてあげましょう。

エピソード4 忙しい時に子どもが「だっこしてほしい」と言い出したら、どうする？

自分でできることを、大人にやってほしいと言うこと以外にも、家庭や保育園で、子どもはいろんなことを大人に要求します。**「だっこ～」というのもその一つ**です。

家事で手が離せない時や、保育園でのあわただしい時間帯に、子どもが「だっこして」とせがんできたら、どのように感じるでしょうか。

いま抱っこしたら降ろせなくなるからと、「ちょっと待っててね」とはぐらかしてしまったり、「ごめんね、いま手が離せないの」などと、ごまかしてしまったことはありませんか？

歩けるようになった1歳や2歳の小さな子どもが、自ら「だっこしてほしい」という思いを示し、しぐさや言葉で伝えてきた時も、心の土台を育むチャンスなのです。**作業の手を止めてでも、その時に応えてあげるべき**です。

あとになって、時間に余裕ができたからと、たっぷり抱っこしてあげても、「だっこしてほしいと伝えたのに、だっこしてもらえなかった」というきもちは取り返せな

いのです。抱っこしてほしいというきもちに、できるだけ早く応えてあげるようにしましょう。

このような抱っこのケースでも、保育を時間通りに大人主導で「回そう」と考えている保育園だと、「今から給食の準備でテーブルを動かさなきゃいけないのに」などと、作業を優先してしまいがちです。

また、一度その子を抱っこしたら、それを近くで見ていた他の子も「わたしもー」といわんばかりに、次々と子どもたちが集まり、「だっこの順番待ち状態」がよく起こります。

その時に、他の先生が加わり、抱っこす

る保育者の人数分担をしようとしても、あまり意味がありません。なぜなら、子どもは「わたしもその先生にだっこしてもらいたい」というきもちになっているからです。

このような場面が想定されるため、保育園という集団生活の中では、この「だっこしてほしい」という子どもの要求に、一つひとつていねいに応えることを躊躇する保育者や保育園も多いようです。

ただ、作業は後でもできますし、何人もの子どもを順番に抱っこして、長い時間を要することになったとしても、それなら別の仕事は他の保育者がサポートすれば良いだけで、大きな問題ではないはずです。

それ以上に、**その時その時の子どものきもちによりそうことの方が、どんな仕事よりも優先されるべき**なのです。

エピソード5　お昼寝でなかなか寝られない子がいたら、どうする？

保育園のお昼寝の風景をイメージしてみてください。布団やお昼寝コットが並べられた保育室で、それぞれ子どもが寝ているかたわらで、保育者がトントンとしている様子。子どもが眠りにつくまで、よりそっている姿が想像できると思います。どの保育園でもよく見られる保育の一場面です。

その時、**保育者の頭の中には、どのような思いが浮かんでいるでしょうか。**

保育園での保育者の勤務時間というのは、基本的に子どもが保育園にいる時間とイコールで、子どもとの時間が密接に関わってきます。ただほかにも、保育の仕事には、保護者の方への連絡帳を書いたり、指導計画を立てるといった書類仕事や、保育者間で話し合いを行う会議の時間、園内研修などさまざまなものがあります。

子どもが寝静まっているこのお昼寝の時間は、保育者が交代でお昼休憩を取ったり、連絡帳を書いたりといった業務を行うための、貴重な時間帯になります。

そのため、**保育者はついつい、「園児全員が」「早く寝付いて」「長い時間」寝てくれることを期待してしまう**ものです。なかなか寝付けない子をスムーズに「寝かしつけ」ようものなら、「先生すごい！」と他の保育者から賞賛されることもあったりするのです。

私は、はじめて保育園のこのお昼寝の暗黙の文化といいますか、実態を知った時に、**とても異様なもの**に感じました。

まず一斉に同じ時間に寝かされるのは、子どもにとってどうなのか。特に小さな子どもたちは、**眠たくなるリズムも時間帯も、眠りたい時間の長さも異なります。**眠たくない子を寝かそうとするのはどうなのだろう、と考えてしまうのです。

まだ小さな子どもは体力も十分ではなく、身体をしっかり休ませるのは当然必要なことです。しかし、お昼寝は、子どもたちを眠りにつかせることが目的ではなく、あくまでも休息を取ることであるはずです。保育者がほかの仕事をするためにお昼寝をさせているわけでもありません。

そう考えると、**トントントンとやって、全員を早く寝かせようとする行為は、実に大人都合ではないか**と思うのです。

そういった思いからも、私たちの保育園でのお昼寝では、子どもを無理に寝かせよ

うとはせず、一人ひとりの様子やペースに合わせるようにしています。

眠りたくない子や寝付けない子は、それぞれの子の様子によりそって過ごします。眠りはしないけれど横になって、保育者と絵本を読みながら身体を休めたり、明るい陽が入るスペースに移動して積み木でじっくりあそぶなど、その子のペースや前の日の睡眠量なども考慮しながら、その時の状況に応じて過ごしています。

お昼寝ひとつとっても、**子どもに「みんなと同じ」を求めることはない**のです。

ここまで、「十人十育」を保育理念に、

私たちの保育園が取り組んでいる保育の考え方や事例を紹介してきました。0・1・2歳児特有の発達に応じた「子ども主体の保育」について、共感いただけるところはありましたか？

ここで紹介した保育のあり方が、必ずしも正解とは限りませんし、実際に真逆ともいえるほど異なる価値観や方法をとる保育園もあります。

本書の最後となる5章では、さまざまな保育園がある中で、「0・1・2歳児のお子さんを預ける保育園」に焦点をあてて、選ぶ際に見るべきポイントをお伝えしていきます。

5

子どもの
きもちになって
保育園を選ぼう

の保育園はこんなイメージ

6 求人から知る、その保育園が大切にしていること

7 さまざまなツールから保育園について発信している

8 給食は小さな子どもたちに合わせてカスタマイズ

9 絵本やおもちゃから見える、その保育園の気配り

10 保育園での生活やあそびの中に季節感を取り入れている

0・1・2歳児のための理想

1 保育室内は静かで、ゆったり、落ち着いた「雰囲気」

2 園児一人ひとりが思い思いにあそべる居場所

3 小さな子どもたちの目線からくつろげる空間

4 保育者から感じられる「やさしさ・穏やかさ」

5 子どもが主役。保育者はやさしく「見守る」存在

子どもにとって保育園とはどんな場所だろう？

はじめてわが子を保育園に預ける時、不安を感じない人はいないと思います。

分からないことだらけの手探り育児の中で、常に目が行き届き、いつでも子どもの様子を見守っていたところから、他人の手に預けてしまうというのは、実に不安な感覚をおぼえるものです。子どもは2人目だから、3人目だからといって、その不安がなくなるものではありません。

ましてや、待機児童問題が深刻ななかで、大切なわが子を預ける保育園を思うように選べずに、「保育園に入る」ことが第一優先となれば、いっそう不安は大きいものです。

ただ、1章でもお伝えしたように、待機児童問題は近年、急速に解決へと向かっています。少しだけ前の時代の子育て世帯が経験してきた、保育園へ子どもを入園できるように苦戦してきた「保活」というものは、その意味も必要性も薄れていこうとしているのです。

遠くない将来に、親が好きな保育園を選び、いつでも入園できる時代に変わっていくのであれば、それは大変喜ばしいことです。

ですが、私はどうしても気がかりなことがあります。

「保護者の方が、どのような基準から、これからお子さんの入園先を選ぶようになるか？」という点です。

保育園を運営する立場からすると、「選ばれる園」であるために、入園の意思決定者である保護者の方にばかり目が向くようになりかねません。ママパパに魅力を感じてもらえるよう、さまざまな特色を示し、アピールすることが保育園には求められます。

もちろん、保護者の方にとって魅力的な保育園であることは外せません。ただ、肝心の「**園児にとって**」「**そのお子さん本人にとって**」**どのように有意義な園であるのか**、という視点も、これから保育園を選ぶ保護者の方にもっていただきたいのです。

忙しい親を助ける保育サービスが充実しているに越したことはありません。通うこと自体が気分の良くなる、おしゃれな保育園も魅力的でしょう。家から遠いよりは、できるだけ近くて通園の負担が少ない方が理想的なことも分かります。

ですが、ママパパや他のお子さんにとっては最適な保育園だとしても、それが、たった一人の「その子」にとって、最善の場であるとは限りません。

わが子にとって、その保育園はどんな居場所になるだろうか、という視点を大切にして、ぜひとも「**お子さんにとって最良と思える保育園**」を選んであげてほしいと願っています。

3歳までの保育園選び
10のチェックポイント

子どものための保育園を選ぶ上でも、0・1・2歳児で入園するのと、3歳児以降とでは見る視点がかなり異なってきます。ここからは、本書を通してお伝えしてきた「0・1・2歳児の小さな子どものための保育園」に焦点を当てて、**0歳の頃から保育園に息子を預けてきた保護者当事者**として、また、**0・1・2歳児のための保育園を運営する保育者側**の2つの視点から、保育園を見学する際に見るべきポイントをお伝えします。

チェックポイント 1

園に入った瞬間の「雰囲気」を感じ取ってみよう

入園を検討している保育園には、必ず見学に行くことをおすすめします。

最近は新型コロナウイルス対策のため、オンライン見学会や時間帯などの制限もありますが、実際に訪問しなければ感じ取れないところも多いものです。

前にお話ししたように、小さな子どもが長い時間を過ごす保育園という場所は、とにかく「雰囲気」が育ちの環境としてものすごく重要になります。

保育室に入った瞬間、「**ゆったり落ち着いた雰囲気か**」を実際に肌で感じ取ってください。小さな子どもが過ごす部屋の中が、ガヤガヤと騒がしかったり、あわただしいような保育園は注意が必要です。

そして、子どもの目線の高さ、身体の大きさになりきって、保育園の中を見渡して

小さな子どもたちが居心地良い空間は、
きっと大人にとっても居心地が良いはず

みてください。直感で落ち着くと感じるか、そうでないかを確認してみましょう。

大人にとって居心地のよい空間が、小さな子どもにとってもそうであるとは限りません。ただ一ついえるのは、**小さな子どもが居心地よく過ごせる空間は、大人にとっても居心地が良いもの**ということです。

だからこそ、まずは足を運んでみて、大人自身も落ち着くような雰囲気なのかを確認しましょう。

まとめ

0・1・2歳児が過ごす保育園は、
静かで・ゆったり・落ち着いた雰囲気がたいせつ

チェックポイント 2

あそびや活動の「集団人数」に着目してみよう

次に、**子どもたちがどのようにあそんでいるかを確認してみてください。**

特に午前中は、みんなであそびを一緒に行うところも多いですが、無理に全員が参加させられていないか、集団からはずれてあそぶ子がいても受け入れられているか、**園児全体と、園児それぞれの様子**を見てみてください。

見学する時間によりますが、子どもたちが自由にあそぶ時間があるかも大事です。

また、自由にあそぶだけでなく、その内容にも注目しましょう。同じ種類で自由にあそんでいても、「これであそんでね」と、保育者が決めたもので「あそばされている」だけかもしれません。

本書でお伝えしたように、小さな子どもは大人から用意されたものであそぶのではなく、**主体的にあそびへ向かえる環境**が理想的です。

また、2歳児くらいの子どもたちの、関わり合いの人数にも注目してください。特に、3・4人くらいの小さなグループで「ごっこあそび」をたのしむようなシチュエーションが想定されるか確認しましょう。

子どもがいない時間なら、コーナー分けやレイアウトをみて、あそぶ様子をイメージしてみてください。

まとめ

園児一人ひとりが思い思いに、自由にあそべる居場所であることがたいせつ

チェックポイント 3

子どもが落ち着く「居場所」があるか見てみよう

保育園に子どもが落ち着ける居場所があるかどうかも確認をしてみてください。

やわらかいラグが敷かれている、クッションが置かれている、あそぶスペースとゴロゴロするスペースの区画が分かれている、隠れたりする適度にせまい場所が用意されているといったことが大切です。

なかには、ソファーを置いている保育園もありますが、これも子どもが絵本を読んだり、すわって落ち着けるようにするための環境構成の一つのはずです。

天井も、たとえばオーガンジーがはられ、子どもから見た高さに調整されていたら、それも子ども主体で保育を考えている工夫として見られると思います。

まとめ

保育室内は、子どもの目線の高さで、くつろげる空間になっていることがたいせつ

子どもの主体性をたいせつにしている保育園なら、意図的に「子どものため」を考えたコーナーが用意されているはずです。

園の雰囲気を感じ取るのと同じように、**子どもの目線の高さ、身体の大きさをイメージして、くつろげる場所が作られているか**を確認するようにしましょう。

チェックポイント
4

保育者の声のトーンと顔つきに注目してみよう

続いては、**保育者の声のトーンや顔つきを確認してみましょう。**

4章で、小さな子どもの保育環境には「保育者の雰囲気」が重要だというお話をしました。ただ、園の先生に「あなたは厳しい人ですか？やさしい人ですか？」などとたずねるわけにはいきません（笑）。

そのため、まずは**保育者の方からどのような印象を受けるか、をチェック項目の上位にしてみてください。**

「やわらかい印象の人で好感がもてる」とか、「ちょっとキツそうな人だな」といった、保護者の方が受けるそのままの直感で大丈夫です。保育者が「キツさ・強さ」の方が「やさしさ・穏やかさ」よりも先立って感じるような人たちだったら、おすすめ

できません。

ほかには、保育者の方が、他の保育者や子どもたちと話している声の大きさや言葉尻に気を向けてみてください。小さな子どもに大きな声で呼びかけたり、語気が強かったり、指示口調だったり……そんなところは少ないですが、「問題がないか」という視点で確認しましょう。

逆にいえば、大人が子どもに話しかける場合でも、声のトーンがおだやかで、やさしい口調の保育者なら、安心して過ごせるものです。

まとめ

保育者は子どものこころの育ちにおいて、最もたいせつな「環境」

チェックポイント
5

先生が「動き回っていないか」に注目してみよう

次は、**先生があちこち動き回っていないかをチェックしてみてください。**

0〜2歳児が過ごす保育園は、保育者はあまり動き回らずに、どしっと座っているくらいの方が子どもにとっては良いはずです。保育者があわただしく、あちこち行ったりきたりしては、子どもたちも落ち着きません。

子どもが思い思いに動き、それぞれあそびに没頭している姿を、先生たちが見守っているような状態が望ましいでしょう。

また、ただ座るだけでなく、点在してよりそっているかも見てみましょう。

子どもにとって、「**見られている**」ことと、「**見守られている**」ことは違います。子どもたちを囲い、見張るように座っていたら、なんだか監視しているようですよね。

保育者は子どもたちをやさしく「見守る」存在

まとめ

子ども一人ひとりが主役。保育者はそばでやさしく「見守っている」存在であることがたいせつ

小さな子どもたちはものを取り合ったり、ちょっとしたことでトラブルが起きますが、すぐに仲立ちできる距離感にいながら、自然な雰囲気で見守っている姿が見られるかどうかを確認しましょう。

これはむずかしいチェックポイントですが、大事な視点です。見学であそびを見る際は、保育者の位置や動きにも注目してみてください。

チェックポイント 6

園の「求人情報」に注目してみよう

意外に思われるかもしれませんが、**園が発信している「求人情報」もぜひ見ていただきたいポイントの一つです。**

私はこれまでの経験から、保育園の保育の質は、「保育者間の関係性の質」ともいえると考えています。

保育者は、保育士という国家資格をもった専門職。「士」という文字がつきますが、税理士や弁護士とは違い、一人のスキルだけでは完結しない、チームで働く仕事です。常に協力することが求められる、特殊な専門職ともいえるのです。

そして、専門職であることから、同じ「保育」という仕事でも、保育者が考える良い保育のあり方、大切にすべき保育の方法というのは、**それぞれの認識にかなりの差**

があることを感じてきました。

だからこそ、私たちの園では「十人十育」の保育理念や、本書で説明した考え方、保育の方法をできる限り求人で伝え、共感できる方だけを採用してきました。

同じ志、同じ子ども観を共有できる保育者でなければ、保育の方法に「私はこう思う」「いやでも、前の園ではこうだったから」などと食い違ってきてしまうのです。

ただ、保育園は保育士の資格をもった保育者がいないと成り立ちませんし、保育業界は長らく「保育士不足」が深刻な問題になっています。

どんな保育園でも、転居や家庭の事情などで、退職する保育者は出てきます。本当は自分たちの保育園の価値観を共にできる人に来てもらいたくても、「とにかく保育士の資格をもった人を集めないと」という差し迫った状況が起きる時があります。

それでも、**保育に対する思いを共有できる人を迎え入れて、園の保育の質やチーム力を保ち、高めようと考えているかどうかが、求人情報にも表れる**のです。

応募者からすれば、給与の高さや、福利厚生が充実しているなどの待遇面も重要で

求人には、その保育園が
大切にしていることが表れている

すが、そればかりのアピールが目立ってしまう園よりも、「どんな保育を目指し、それに共感できる人を求めている」というのが求人情報から読み取れるような園の方が、保育の中身に時間も労力もかけられるものだと思っています。

お子さんを預かる保育園が、**どんな考えで保育者を採用しているか**、ぜひ、採用サイトや求人情報をチェックしましょう。

まとめ

保育者自身が園の保育に想いや情熱をもっていることがたいせつ

チェックポイント 7
園と保護者間での「情報共有ツール」に注目してみよう

お子さんを預ける保護者の方が一番気になるのは、「**保育園でわが子がどのように過ごしているのか**」ではないでしょうか。

最近では、保育園向けのＩＣＴシステムや、スマートフォンアプリなどを導入する保育園も多く、私たちも複数のツールを利用しています。普段の連絡だけでなく、保育園で撮影した写真の共有や、動画の配信など、一昔前では考えられないほど、お子さんの様子を保護者の方にお見せできる手段は広がっています。

このように**入園を検討している保育園が、どのような手段や頻度で、保護者とのコミュニケーションをとっているかを確認しましょう**。

デジタルツールに限らず、おたよりや園内掲示などの紙資料でも情報共有はできます。園での子どもの様子を、保護者にどれだけ共有しようとしているか、園のスタンスも見てみましょう。

また、園見学の際には、**玄関の掲示スペースや壁面に貼られた「保護者向けの書面」にも注目してみてください。**

お知らせを貼り出すだけでなく、園での子どもたちの姿を保護者に伝える写真や制作物、園児たちの間ではやっているあそびの紹介など、さまざまな展示や掲示が見られると思います。多ければ多いほど良い、というよりは、どのような姿勢で保護者にお子さんの様子を伝えようとしているか、を見るようにしましょう。

また、保育園のホームページやＳＮＳなども必ず見るようにしましょう。

自治体から認可を受けて運営している保育園は、「利用調整」といって、どの家庭のどのお子さんが入園するかは、自治体によって決められます。短時間・標準時間といった保育時間の長さや保育料の認定を行うのも、保育園に入るための申請手続きも、窓口は自治体になります。

さまざまなツールを活用して、保育園のことを知ろう

そのためか、園のホームページに最低限の情報しか載せていなかったり、ホームページすらない保育園というのもあります。ただ、保護者の方からすれば、どんな保育園なのか、できるだけ特色やこだわっていることなどを知りたいところではないでしょうか。

情報がたくさん載っているかどうかではなく、保護者が知りたい情報がしっかりと紹介されているか、「親切に」情報発信がされているかを見てみましょう。

まとめ

保育園は育児の「パートナー」。保護者に向けてたくさん情報を公開していることがたいせつ

チェックポイント

8

給食に注目してみよう

0・1・2歳児のための保育園を選ぶ際は、**給食に関して柔軟な相談ができるかどうかも確認しておきたいポイントの一つです。**

園見学や説明会で保育者の方と話ができる機会があった際は、家庭での食事で気になっていることや悩みなど、なんでもいいので保育者に伝えて、そのような相談に保育園ではどういった工夫やサポートをしてくれるかを聞いてみましょう。

たとえば、「うちの子、もぐもぐせずに丸のみしてしまうのが気になっていて」「せっかくご飯を作っても、なかなか量をたべてくれなくて」「すぐあそんじゃって、全然食事が進まないんです」など、**実際にその保育園に通っていることを想定して、先生に相談してみる**といいでしょう。

個人差に
合わせられる
給食かどうかを
見てみよう

そのような相談に対して、その保育園ではどのような対応をして家庭と連携しているか、子どもの食や発達を支えようとしているかが見えてくると思います。

また、食事は身体の成長や運動に必要な栄養をとるだけでなく、「たべること」を通して、身体とともに「心」が豊かに育っていくためにも、非常に大きな意義をもっています。

お友だちや保育者と給食をたべることで、「おいしいね」と共感したり、「おかわり！」と先生に要求をしたり、「これ、たべられるようになったね」と自信につながったりなど、さまざまなやりとりを通じ

て、心の土台ができていきます。

給食の時間帯を見学するのはむずかしいですが、園の案内やパンフレット、ホームページなどで給食の様子を写真で掲載している保育園も多くあります。**子どもたちがたべている「食卓」がどんな様子・雰囲気なのかも見てみましょう。**

もちろん、給食がおいしそうかも大切ですが、子どもたちが「たのしそう」に食事をとれるか、という視点で見るのもポイントです。

まとめ

個人差の大きな0・1・2歳児の食事。
柔軟に「個別対応」できることがたいせつ

チェックポイント 9

絵本やおもちゃがどのように扱われているかに注目してみよう

保育園で子どもたちがどのように過ごすかはそれぞれ違いますが、大きく分けて、「**設定保育**」と「**自由保育**」の2つのスタイルがあります。

設定保育は、保育者があらかじめ立てた指導計画に基づき、時間配分や活動の目的、予想できる子どもの動きやそのための内容などを、計画にそって進めていく保育方法です。一方、自由保育とは、その名の通り、子どもたちが自由にあそびを見つけてたのしむことをベースに、子どもの自発性や主体性から保育の環境づくりを展開していく方法です。

設定保育を基本にしている保育園でも、自由に子どもたちがあそぶ時間帯もあったりしますし、自由保育を理念にしている園でも、みんなで一緒にたのしむ活動をあらかじめ設定してたのしむ日もあるでしょう。

絵本やおもちゃの置かれ方に、
その保育園の細かな気配りが見えてきます

この設定保育と自由保育のどちらかで保育園を選ぶのも良いですが、保護者の方に見ていただきたいのが、自由にあそべるスペースや空間がどのようになっているか、です。

見るポイントとしては、**保育室内でおもちゃや絵本がどのように置かれているか**というところです。子どもが自由に手に取ったり、取り出せたりする位置に配置されているかを確認しましょう。

子どもが自由にあそべる時間であっても、「これで自由にあそんでね」と保育者が選んだおもちゃや、絵本を子どもたちに渡し、それぞれであそぶようにうながすのは、自由保育というより保育者主導の「あそびの押し付け」にしかすぎません。

子どもの自発性や主体性を大切に考える園かどうか、おもちゃや絵本の置かれ方から見抜きましょう。

また、絵本については、ただ子どもの手が届くところに置かれているだけでなく、表紙が見えるように置かれていたり、並べられているかも見てください。

小さな子どもは、まだ背表紙の文字だけでは、自分が好きな絵本や、興味がもてる絵本を識別しづらいです。このような保育園側の細かな配慮にも目を向けてみましょう。

まとめ

子どもが「自由に」あそびをたのしめる環境であることがたいせつ

チェックポイント
10

園内に「季節感」があるか見てみよう

保育園を見学した時は、**園全体から季節感が感じ取れるかも見てみましょう。**

小さな子どもたちは、さまざまなことに興味や関心が広がる中で、身近な環境からたくさんの発見や体験を繰り返し、豊かな心を育んでいきます。

草木や気候の移り変わりを感じたり、季節ならではの虫や花との触れ合い、行事や伝統にちなんだあそびをすることは、日常生活の中で子どもたちが主体的に学んでいくための重要な機会になります。

そのため、玄関や保育室内の壁面を、季節に応じた装飾で彩ってたのしむようなことは、どこの保育園でも同じではないかと思います。

季節ごとのあそびは、
小さな子どもたちの
豊かな心につながります

保護者の方に見ていただきたいのは、**子どもたちのあそびや生活の中に、季節感が感じられる**かという点です。

たとえば、公園で子どもたちが拾ってきた松ぼっくりが玄関に飾られていたり、バッタを飼育する虫かごが置かれていたり、季節の花をプランターなどで栽培して愛でていたりなど、季節の変化をあそびの中に取り入れている様子が見られるかを確認しましょう。

子どもの主体性を大切にしている保育園であれば、季節にちなんだ行事や製作を、ただその時の時間だけをたのしむのではな

く、保育園での1日、1週間、1カ月といった一連の生活の中で、自然と子どもたちが親しめるように配慮がされているはずです。

絵本棚には、子どもたちが大好きないつもの絵本だけでなく、季節を題材にした絵本もピックアップされて置いてあるでしょうし、給食にも季節にちなんだメニューが盛り込まれていると思います。

まとめ

子どもの生活の中に、季節の変化をたのしむあそびが
ふくまれていることがたいせつ

子どもに合わせて進路を考えるチャンスを

本書を通じて、0・1・2歳児の発達に大切なことや、その小さな子どものために保育を行っている小規模保育園の特徴、子ども主体の保育を目指す私たちの園の取り組みや考え方をお伝えしてきました。

最後に、私が提案したい「**小さな子どもたちのための、新しい進路設計の形**」について、お話しします。

先にも述べたように、私たちが子どもだった頃は、小学校に入るまでの未就学児の進路といえば、一般的には「保育園」か「幼稚園」の二択でした。

それが昨今では、保育園や幼稚園の他に認定こども園があったり、保育園の中にも公立・私立、認可・認可外といった違いや、私たちの運営する小規模保育園のような運営形態の保育園が制度化されるなど、「子どもの進路」として見れば、多様に選択

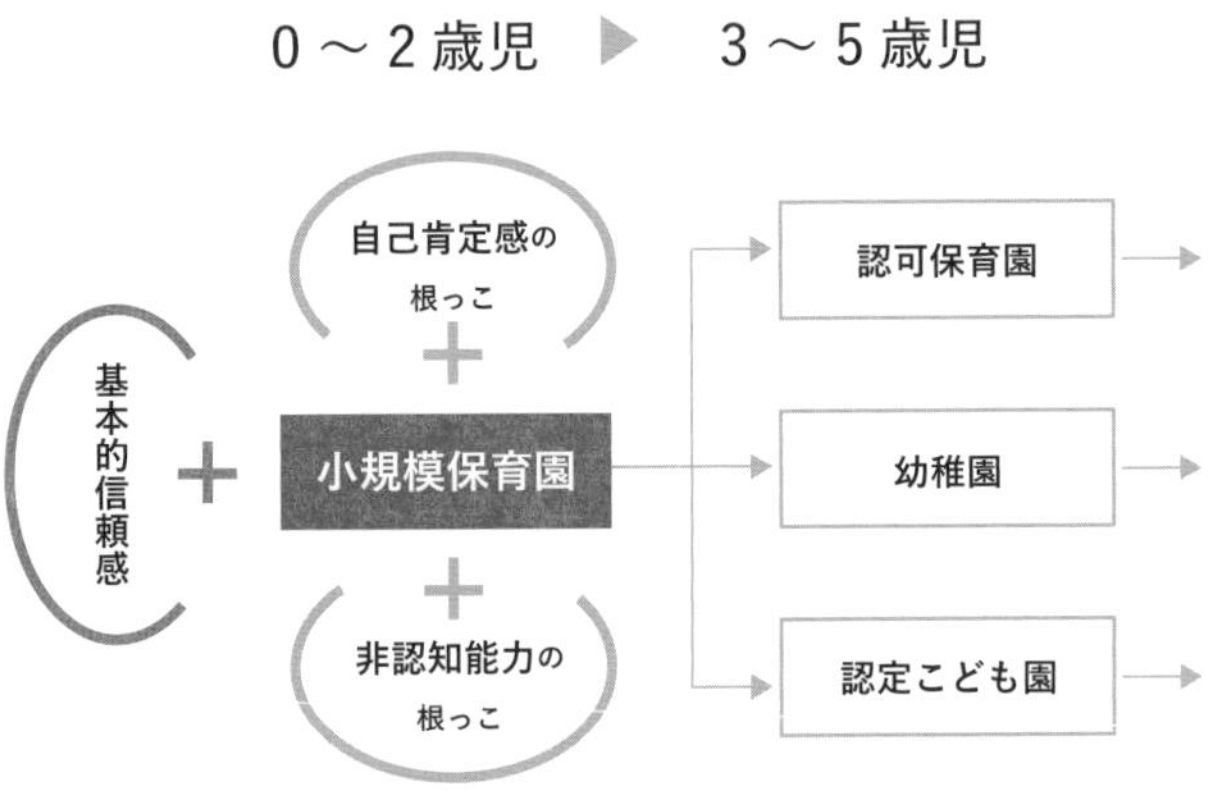

3歳までに表出した“その子らしさ”で進路選択

肢が広がりました。

そんな中でも、**未就学児期の6年間は、「0~2歳児」と「3~5歳児」の2段階に分けてとらえて、子どもの育ちに応じて進路を選んでいけることが理想**ではないかと私は考えています。

2章で説明したように、乳児から1歳、2歳へと進む段階は、まずなによりも、心の土台をしっかりと、ていねいに育んでいくことが大切です。毎日の一つひとつの生活の営みの中で、少しずつ子どもが好きなこと、得意なこと、その子らしいところといった個性の部分が表れはじめてきます。

そして、その心の土台や個性を根っこに

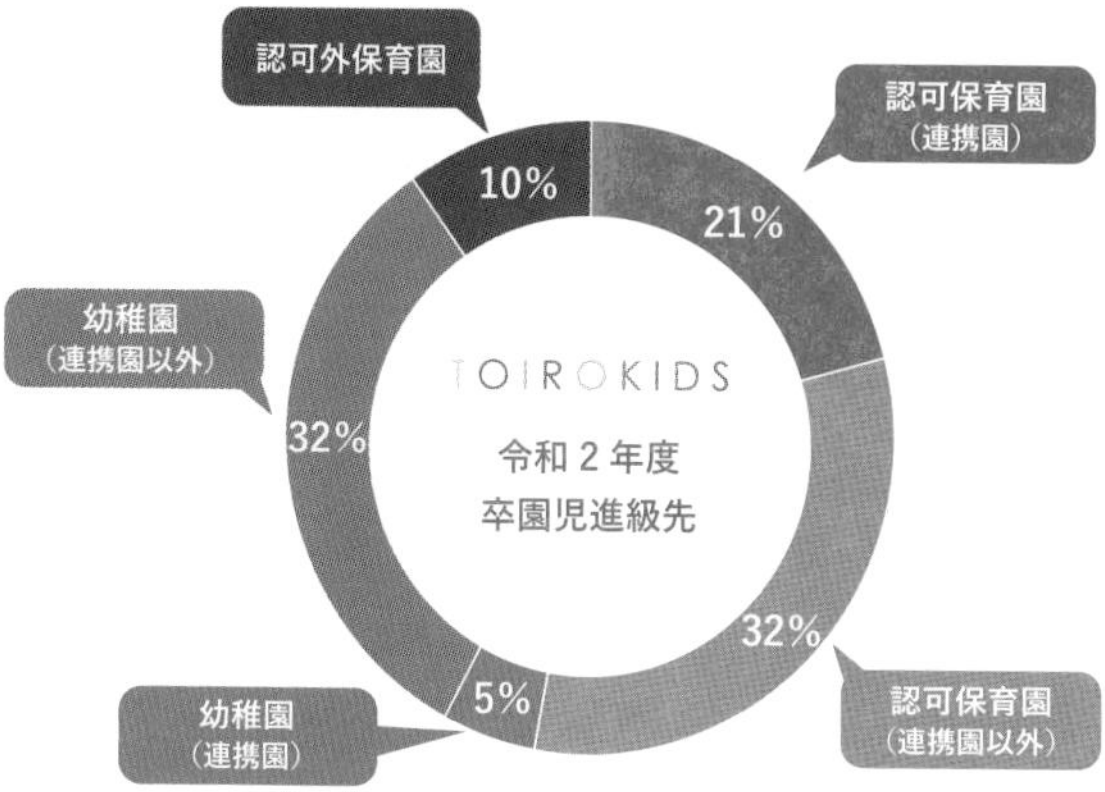

「といろきっず保育園（5園）」の3歳以降の進路先

据えて、3歳からはお友だちとの協同的なあそびや、社会性の育ちがどんどん広がっていく段階へと進んでいきます。

小規模保育園は、制度上0・1・2歳児が対象のため、まさに前者の発達時期の小さな子どもたちの保育を担っているわけです。しかし、深刻な待機児童問題から、「保活」が第一課題だったこれまでの子育て社会の中では、どうしても「3歳で卒園した後に、保育園に入れなかったらどうしよう」という不安が先立っていました。

ですが、その一方で、私たちの園で、2歳までの成長の中でありありと見えてきた

「その子らしい」魅力や、興味・関心を踏まえて、保護者の方がお子さんに合った保育園や幼稚園を検討し、進んでいくのを毎年見てきました。

私たちが運営する5園の小規模保育園には、あわせて15園もの認可保育園・幼稚園が進級枠の確保を協力してくださり、また、横浜市は保育園と同程度の時間の預かり保育を実施している幼稚園も多くあります。

このように、地域に恵まれた事情もあるため、一概には言えませんが、「**2歳まで小規模保育園で過ごし、そこで見えてきたその子らしさを踏まえて、3歳以降の入園先を選ぶ**」という進路形態は、**子ども主体の進路設計**ともいえる、非常に意義の大きなことだと感じてきました。

実際に、私たちの保育園を卒園する子どもたちは、実にさまざまな保育園や幼稚園へ巣立って行っています。

これから子育てや保育園への入園を準備されている保護者の方には、ぜひ「お子さんに合わせた進路設計ができる」という側面からも、小規模保育園を考えてみていただきたいと思います。

おわりに

最後までお読みいただき、ありがとうございました。

少しでも共感いただけるところや、お役に立てるところがあったでしょうか。

「小規模保育園のすばらしさを、もっと知ってもらいたい」

そう固く意思を抱きながらも、いざ本にまとめようとすると、なかなか構成が定まりませんでした。伝えたいことは山ほどあるのに、書くに書けない。そんな悶々とした状況に陥ったのです。

小規模保育園のことを知ってもらうために、私たちの保育園のことを事細かに説明しても、単なる自己満足なアピールをする本で終わってしまいます。

そもそも無名の会社の事業のことを、本にしてまで長々と書いても、読者の方をしらけさせてしまうのではないだろうか、と。

また、一口に小規模保育園といっても、運営している地域や自治体によって、細かな基準や考え方にもさまざまな違いがあります。

そのため、私たちの保育園だけの視点から、「小規模保育園はこうです」とは言いきれない部分も多いのです。

とはいえ、小規模保育園のことを解説した本にまとめたところで、著者である私自身が事業者であり、当事者なので、客観性に欠けるところも出てきてしまいます。

せっかく本を書く機会をいただけたのに、どう書いたらよいのか、どう書くべきなのかが定まらず、なかなか筆が進まなかったのです。

そんな思いを巡らせていた時、私たちが保育に取り組む中で、いつも口にする言葉が頭に浮かんできました。

「子どもにとってどうだろう？」

「Aちゃんにとってはどうかな？」

保育現場で合言葉のように使ってきたこの問いから、本書の意義を見直してみたのです。

この本は、これから子育て準備をされている方や、今から保育園を探す親御さんに届けるために書いたものですが、そのためにも第一に、「お子さん」のきもちになって考えていきました。

「ぼくのしょうらいのことも、ちゃんと考えて保育園をえらんでほしい」

1章では、今の子どもたちが大人になった時の社会について触れました。

「わたしがふだん、どんなきもちでいるのかを分かっていてほしい」

2章では、0・1・2歳児の発達において、親御さんに押さえておいてほしいポイントをまとめました。

「ぼくが保育園でどんなふうにして過ごすことになるのか、ちゃんと分かっていてほしい」

3章、4章では、子どもにとって保育園がどんな場所かを考えるきっかけにしていただけるよう、保育の内容よりも、具体的なシーンや「考え方」に重きをおいて、小規模保育の特徴や私たちの園の取り組みをまとめていきました。

「わたしがたのしくすごせる保育園をえらんでほしい」

そして5章では、「子どもの目線」で理想の保育園をえらんでいくためのポイントをまとめてご紹介しました。

こうして堂々巡りをしながら、スケジュールの期限が迫る中、何度も書き直してきました。そのため、この本の制作に関わるスタッフのみなさんには大変ご迷惑をおかけしました。クロスメディア・パブリッシングの編集担当・宮藤大樹さん、友澤和子さんはじめ、お世話になったみなさま、本当にありがとうございました。

最後に、幼児教育の父・倉橋惣三先生の有名な本『育ての心』より、私が大好きな一節を紹介したいと思います。

「子どもは心もちに生きている。その心もちを汲んでくれる人、その心もちに触れてくれる人だけが、子どもにとって、有り難い人、うれしい人である。」

（『育ての心』フレーベル館）

日本中の小さな子どもたちが、いつもうれしい毎日を過ごせますように。

子どもの利益が最優先される社会を願って、筆を置きます。

2021年盛夏

福井 渉

【著者略歴】

福井渉（ふくい・わたる）

株式会社十色舎代表取締役。保育士。
1982 年生まれ、岐阜県出身。
2015 年 4 月、0 ～ 2 歳児の個性に寄り添う「十人十育」を保育理念に、横浜市で認可小規模保育事業を開始。2018 年 5 月に横浜市内初となる、小規模保育と児童発達支援の併設事業所を開設。現在は横浜市青葉区を中心に、小規模保育園「といろきっず保育園」と、保育型の児童発達支援教室「CYS school」の計 9 施設を運営。

3 歳《さい》までに芽《め》が出《で》る、その子《こ》だけの個性《こせい》

小《ちい》さな子《こ》どものための小《ちい》さな保育園《ほいくえん》

2021 年 9 月 21 日　初版発行

発 行　**株式会社クロスメディア・パブリッシング**

発 行 者　小早川 幸一郎
〒151-0051　東京都渋谷区千駄ヶ谷 4-20-3 東栄神宮外苑ビル
https://www.cm-publishing.co.jp

■本の内容に関するお問い合わせ先 ……………………… TEL (03)5413-3140 ／ FAX (03)5413-3141

発 売　**株式会社インプレス**

〒101-0051　東京都千代田区神田神保町一丁目 105 番地

■乱丁本・落丁本などのお問い合わせ先 ……………… TEL (03)6837-5016 ／ FAX (03)6837-5023
service@impress.co.jp
（受付時間　10:00 ～ 12:00、13:00 ～ 17:00　土日・祝日を除く）
※古書店で購入されたものについてはお取り替えできません

■書店／販売店のご注文窓口
株式会社インプレス　受注センター ……………………… TEL (048)449-8040 ／ FAX (048)449-8041
株式会社インプレス　出版営業部 ………………………………………………………… TEL (03)6837-4635

ブックデザイン／吉崎広明（ベルソグラフィック）　イラスト／にしだきょうこ（ベルソグラフィック）
印刷・製本　株式会社シナノ　　ISBN 978-4-295-40603-7 C2037